U0548815

内蒙古党校（行政学院）学术文库

生态优先、绿色发展导向的高质量发展研究
——以内蒙古为例

郭启光　张学刚　王薇　著

中国财经出版传媒集团
经济科学出版社
Economic Science Press

图书在版编目（CIP）数据

生态优先、绿色发展导向的高质量发展研究：以内蒙古为例 / 郭启光，张学刚，王薇著. —北京：经济科学出版社，2021.6

ISBN 978 - 7 - 5218 - 2615 - 9

Ⅰ. ①生… Ⅱ. ①郭… ②张… ③王… Ⅲ. ①绿色经济 - 区域经济发展 - 研究 - 内蒙古 Ⅳ. ①F127.26

中国版本图书馆 CIP 数据核字（2021）第 113254 号

责任编辑：凌　健　杜　鹏
责任校对：刘　昕
责任印制：邱　天

生态优先、绿色发展导向的高质量发展研究
——以内蒙古为例

郭启光　张学刚　王　薇　著

经济科学出版社出版、发行　新华书店经销
社址：北京市海淀区阜成路甲 28 号　邮编：100142
总编部电话：010 - 88191217　发行部电话：010 - 88191522
网址：www.esp.com.cn
电子邮箱：esp@esp.com.cn
天猫网店：经济科学出版社旗舰店
网址：http://jjkxcbs.tmall.com
固安华明印业有限公司印装
710×1000　16 开　13 印张　210000 字
2021 年 11 月第 1 版　2021 年 11 月第 1 次印刷
ISBN 978 - 7 - 5218 - 2615 - 9　定价：79.00 元
（图书出现印装问题，本社负责调换。电话：010 - 88191510）
（版权所有　侵权必究　打击盗版　举报热线：010 - 88191661
QQ：2242791300　营销中心电话：010 - 88191537
电子邮箱：dbts@esp.com.cn）

编委会

主　任：安静赜

副主任：李树林　陶克陶夫

编　委：（按姓氏笔画排序）

马桂英　马俊林　王晓娟　乌力吉　田瑞华

孙　杰　李玉贵　李　红　张学刚　陈　岩

贾　清　黄　伟

前　言

生态文明建设是关系中华民族永续发展的根本大计。从马克思主义关于事物矛盾运动的普遍原理可知，经济发展与生态环境的关系，就是发展和保护的关系，本质上要求人与自然和谐共生。环境就是民生，青山就是美丽，蓝天也是幸福，绿水青山就是金山银山。保护环境就是保护生产力，改善环境就是发展生产力。

党的十八大以来，我国把生态文明建设作为统筹推进"五位一体"总体布局和协调推进"四个全面"战略布局的重要内容，开展一系列根本性、开创性、长远性工作，提出一系列新理念、新思想、新战略，生态文明理念日益深入人心，污染治理力度之大、制度出台频度之密、监管执法尺度之严、环境质量改善速度之快前所未有，推动生态环境保护发生历史性、转折性、全局性变化。总体上，我国生态环境质量持续好转，出现稳中向好趋势，但成效并不稳固，稍有松懈就有可能出现反复，犹如逆水行舟，不进则退。生态文明建设正处于压力叠加、负重前行的关键期，已进入提供更多优质生态产品满足人民日益增长优美生态环境需要的攻坚期，也到了有条件、有能力解决生态环境突出问题的窗口期。如果现在不抓紧，将来解决起来难度会更高、代价会更大、后果会更严重，必须咬紧牙关，爬过这个坡，迈过这道坎。

2019年3月5日，习近平总书记在参加十三届全国人大二次会议内蒙古代表团审议时的重要讲话中指出："要贯彻新发展理念，统筹好经济发展和生态环境保护建设的关系，努力探索出一条符合战略定位、体现内蒙古特色，以生态优先、绿色发展为导向的高质量发展新路子。"这条新路子抓住了中国特色社会主义事业"五位一体"总体布局和"四个全面"战略布局的中心、基础和关键，牵住了各项事业共同实现高质量发展的"牛鼻子"，是包括内蒙古在内的我国各个地区推动高质量发展的基本遵循和行动指南。"十四五"时期，是内蒙古在全面建成小康社会基础上开启建设现代化内蒙古新征程的第一个五年规划期，也是深入推进习近平总书记对内蒙古关于努力探索一条符合战略定位、体现内蒙古特色，以生态优先、绿色发展为导向高质量发展新路子重要指示精神的关键时期。因此，从理论上探讨经济社会发展和生态环境的本质关系，正确认识"新路子"的科学内涵，全面分析内蒙古发展和保护关系的现状及面临的突出矛盾问题，系统提出内蒙古"十四五"走生态优先、绿色发展为导向的高质量发展路子的战略思路和对策建议，具有十分重大的理论意义和实践价值。

郭启光
2021 年 5 月

目 录

第一章 生态优先、绿色发展为导向高质量发展新路子的理论内涵 …………………………………………………… (1)

　一、"生态优先、绿色发展"为导向高质量发展新路子提出的背景 …………………………………………… (1)

　二、"生态优先、绿色发展"为导向高质量发展新路子的内涵体系 …………………………………………………… (4)

第二章 内蒙古生态功能重要性分析 ………………………… (13)

　一、生态系统主要类型与分布格局 ……………………… (13)
　二、生态服务功能评价 …………………………………… (16)
　三、生态系统现状评价 …………………………………… (22)

第三章 内蒙古绿色发展现状评价 …………………………… (30)

　一、指标体系构建 ………………………………………… (30)
　二、绿色发展水平的测度与评价 ………………………… (35)

第四章 内蒙古清洁发展机制项目减排效应评价 …………… (55)

　一、减排效应理论分析 …………………………………… (55)

二、减排效应实证研究 …………………………………………（64）

第五章　内蒙古生态优先、绿色发展为导向高质量发展动力评价 ……（88）
　　一、绿色全要素生产率的理论分析框架 ………………………（88）
　　二、内蒙古绿色全要素生产率时空差异的实证分析 …………（96）
　　三、内蒙古绿色全要素生产率的影响因素分析 ………………（105）

第六章　内蒙古走以生态优先、绿色发展为导向高质量发展新路子面临的环境 …………………………………………（111）
　　一、挑战和不利因素 ……………………………………………（111）
　　二、机遇和有利条件 ……………………………………………（129）

第七章　内蒙古走以生态优先、绿色发展为导向高质量发展新路子的战略思路 ………………………………………（133）
　　一、正确处理人口、经济、资源、环境的关系 ………………（133）
　　二、正确处理山水林田湖草沙的关系 …………………………（134）
　　三、正确处理稳和进的关系 ……………………………………（135）
　　四、正确处理提升传统产业和培育发展新兴产业的关系 ……（135）
　　五、正确处理经济和社会发展的关系 …………………………（136）
　　六、正确处理政府和市场的关系 ………………………………（137）
　　七、正确处理内外联动的关系 …………………………………（137）

第八章　内蒙古走以生态优先、绿色发展为导向高质量发展新路子的主攻方向和对策建议 ……………………………（139）
　　一、优化国土空间布局 …………………………………………（139）
　　二、强化科技创新战略支撑作用 ………………………………（144）
　　三、创建国家生态文明试验区 …………………………………（149）

四、构建绿色特色优势现代产业体系 …………………… (160)
五、建设现代能源经济示范区 ……………………………… (167)
六、打造北方数字经济新高地 ……………………………… (183)
七、建设我国向北开放重要桥头堡 ………………………… (190)

参考文献 …………………………………………………………… (193)
后记 ………………………………………………………………… (198)

第一章 生态优先、绿色发展为导向高质量发展新路子的理论内涵

习近平总书记在参加十三届全国人大二次会议内蒙古代表团审议时强调，要努力探索一条符合战略定位、体现内蒙古特色，以生态优先、绿色发展为导向的高质量发展新路子。这条新路子深刻阐明了发展和保护的辩证统一关系，充分体现了人与自然和谐共生的本质要求，为新时代内蒙古统筹经济社会和资源环境关系，扎实推动经济高质量发展提供了根本遵循和行动指南。

一、"生态优先、绿色发展"为导向高质量发展新路子提出的背景

"生态优先、绿色发展"为导向的高质量发展新路子的提出，具有坚实的理论基础、鲜明的时代背景、充分的现实依据，是理论逻辑、历史逻辑和现实逻辑的有机统一。

（一）理论基础

"两山"理论为新路子的提出奠定了坚实理论基础。习近平同志在

地方工作时就高度重视生态文明建设，积极探索处理"绿水青山"与"金山银山"之间的关系。2005年8月15日，时任中共浙江省委书记的习近平同志在考察安吉县天荒坪镇余村时，首次提出"绿水青山就是金山银山"的论断，后来在《绿水青山也是金山银山》《从"两座山"看生态环境》等文章中，习近平总书记对"两山"理论进行了深刻阐述。2015年3月"绿水青山就是金山银山"先后被写进《中共中央国务院关于加快生态文明建设的意见》和《生态文明体制改革总体方案》等国家文件，最终成为习近平生态文明思想的核心内容，是新时代我国推进生态文明建设的根本遵循，也为解决全球生态危机提供了中国智慧和中国方案。《绿水青山也是金山银山》这篇文章对"两山"理论的内在逻辑进行了最基本解释。其中，"第一座山"即绿水青山，主要是指良好的生态环境；"第二座山"即金山银山，主要是指经济发展和物质财富的不断积累。现实生活中，这"两座山"是矛盾的对立统一体，体现在人类社会发展进程当中。一方面，矛盾的一方可以向另一方进行积极转化，比如从生态环境优势转化为生态农业、生态工业、生态旅游等生态经济优势。但是，这种转化必须依赖科学发展和创新发展的双重指导，由科学发展始终保持对矛盾认识的清醒认识，对矛盾双方作出审慎判断，由创新发展引领寻找矛盾转化的有效路径，实现真正意义上的生态经济，最终建成环境友好型与资源节约型社会。另一方面，这种矛盾双方的转化具有独特的不可逆性，这里的不可逆性并非是与辩证唯物主义中矛盾双方在一定条件下可以相互转化的论述相违背，而是强调在战略选择过程中基于机会成本的权衡与扬弃，是一种主动选择的结果。

（二）时代背景

中国特色社会主义进入新时代是新路子提出的时代背景。资本主义世界主导的工业文明正在逐渐演变为一场全球性生态环境危机，大多数国家都选择"先污染后治理"的发展模式，导致生态环境危机的全球性蔓延，人类也为此付出沉重代价，教训极为深刻。中国特色社会主义进入新时代，我国社会主要矛盾已经转变为人民日益增长的美好生活需要同不平衡不充分发展之间的矛盾。中国是一个发展中的大国，建设中国特色社会主义再走欧美"先污染后治理"的老路行不通，必须走生态文明的新路。党的十八大以来，习近平总书记就生态文明与社会主义的关系提出崭新论断，综合起来就是建设生态文明是实现中国特色社会主义建设事业"五位一体"总体布局的重要内容，是党中央治国理政总方略"四个全面"战略布局的重要内容，是建设富强民主文明和谐美丽的社会主义现代化国家的重要内容，也是实现中华民族伟大复兴中国梦的重要内容。

（三）现实依据

改革开放以来，我国经济发展取得历史性成就，但也积累了大量生态环境问题，成为明显短板，成为人民群众反映强烈的突出问题。党的十八大以来，在以习近平同志为核心的党中央统筹推进"五位一体"总体布局，协调推进"四个全面"战略布局，经过不懈努力，我国生态环境质量持续改善。同时，必须清醒看到，我国生态文明建设挑战重重、压力巨大、矛盾突出，推进生态文明建设还有不少难关要过，还有不少硬骨头要啃，还有不少顽瘴痼疾要治，形势仍然十分严峻。生态文明建设正处于压力叠加、负重前行的关键期，已进入提供更多优质生态产品以满足人民日益增长的优美生态环境需要的攻坚期，也到了有条件、有能力解决生态环境突出问题的窗口期。统筹生态保护和经济高质量发展，需要根据不同地区实际构建主体功能明显、优势互补、高质量发展的国土空间开发保护新格局，需要在典型生态脆弱地区率先破题。2018年4月26日，习近平在深入推进长江经济带发展座谈会上指出："正确把握生态环境保护和经济发展的关系，探索协同推进生态优先和绿色发展新路子。推动长江经济带探索生态优先、绿色发展的新路子，关键是要处理好绿水青山和金山银山的关系。"2019年3月5日，习近平总书记在参加十三届全国人大二次会议内蒙古代表团审议时的重要讲话中指出："要贯彻新发展理念，统筹好经济发展和生态环境保护建设的关系，努力探索出一条符合战略定位、体现内蒙古特色、以生态优先、绿色发展为导向的高质量发展新路子。"2019年9月18日，习近平总书记在黄河流域生态保护和高质量发展座谈会上再次强调："要坚持绿水青山就是金山银山的理念，坚持生态优先、绿色发展，以水而定、量水而行，因地制宜、分类施策，上下游、干支流、左右岸统筹谋划，共同抓好大保护，协同推进大治理，着力加强生态保护治理、保障黄河长治久安、促进全流域高质量发展、改善人民群众生活、保护传承弘扬黄河文化，让黄河成为造福人民的幸福河。""沿黄河各地区要从实际出发，宜水则水、宜山则山、宜粮则粮、宜农则农、宜工则工、宜商则商，积极探索富有地域特色的高质量发展新路子。"近年来，我国典型生态脆弱地区生态环境质量持续好转，出现了稳中向好趋势，但成效并不稳固，稍有松懈就有可能出现反复，犹如逆水行舟，不进则退。我国经济已由高速增长阶段转向高质量发展阶段，如果现在不抓紧走好生态优先、绿色发展为导向的高质量新发展路，将来解决起来难度会更高、代价会更大、后果会更重。我们必须咬紧牙关，爬过这个坡，迈过这道坎。

二、"生态优先、绿色发展"为导向高质量发展新路子的内涵体系

"内涵"是指某一事物所具有的各种内在属性的总和，是由核心内容、内在逻辑、本质特征、实践要求等方面共同构成的"内涵体系"。因此，本部分从上述方面探讨"生态优先、绿色发展"为导向的高质量发展新路子的"内涵体系"。

（一）"新路子"的核心内容

中国特色社会主义进入新时代，我国社会主要矛盾发生转变，人民群众对生态环境有更高要求，发展和保护之间的矛盾与冲突正在成为制约解决我国发展不平衡不充分问题的一个带有全局性的影响因素。提出走好"生态优先、绿色发展"为导向的高质量发展新路子，为我国建立经济、社会、资源、环境相协调的可持续发展模式指明了前进方向。

1. 生态保护优先于经济增长

生态理性先于增长理性是对人类社会发展规律的准确把握。马克思、恩格斯认为，"人靠自然界生活"，人类在同自然的互动中生产、生活、发展，人类善待自然，自然也会馈赠人类，但"如果说人靠科学和创造性天才征服了自然力，那么自然力也对人进行报复"。因此，人类发展活动必须尊重自然、顺应自然、保护自然，否则就会遭到大自然的报复，这个规律谁也无法抗拒。在经济发展水平落后的情况下，一段时间的主要任务是要跑得快，但跑过一定路程后就要注意调整关系，例如，长期以来我国遵循"重速度、轻质量"的发展模式造成了严重的生态环境欠账，成为制约发展的"突出短板"，保护生态环境刻不容缓。"生态优先导向"本质上是坚持生态系统的基础性地位，为我们协调发展和保护的关系提供了基本准则，成为生态文明建设的基本点。可见，生态保护优先突破了传统的唯 GDP 论英雄的发展思路，关注经济、社会、资源、环境的综合协调，突出强调了要以生态规律来指导经济社会活动，以维护生态功能来确保资源环境资本的保值增值，以生态溢价达到经济效益、社会效益和生态效益的综合平衡。

2. 绿色发展既是发展理念也是发展路径

绿色发展将生态保护纳入经济社会发展各方面和全过程，通过推动生产方式、生活方式、文化认知和社会治理的"绿色化"转型，为生态保护提供全方位的支撑。2008年世界金融危机后，为了促进经济复苏和应对气候变化等方面的挑战，绿色发展理念在国际上逐渐形成。党的十八届五中全会提出创新、协调、绿色、开放、共享的新发展理念，把绿色发展上升到国家战略层面，强调"坚持节约资源和保护环境的基本国策，坚定走生产发展、生活富裕、生态良好的文明发展道路，加快建设资源节约型、环境友好型社会，推进美丽中国建设，为全球生态安全作出新贡献"。党的十九大报告将绿色发展作为建设美丽中国的重大举措，提出了绿色经济体系、绿色技术创新体系、清洁能源体系、资源节约循环利用、绿色生活方式等战略任务。《中共中央关于制定国民经济和社会发展第十四个五年规划和二〇三五年远景目标的建议》再次对推动绿色发展进行战略部署，明确提出，到2035年基本实现美丽中国建设目标。可见，绿色发展有效地将生态优先准则融入生产、生活、生态、文化和治理当中，以绿色生产方式引领绿色生活方式的形成，以绿色生活方式倒逼生产方式绿色化转型，以绿色文化和治理推动绿色生产方式生活方式的形成，从而为生态保护提供物质、文化和制度支撑（廖小文和陈云，2020）。

3. 生态优先、绿色发展是高质量发展的鲜明导向

走"生态优先、绿色发展"为导向的高质量发展新路子不仅是对我国重点区域的全局性总要求，还是对新时代我国发展的全局性总要求。高质量发展是能够满足人民日益增长的美好生活需要的发展，是符合新发展理念的发展，其中绿色发展是高质量发展的普遍形态。以生态优先、绿色发展为导向推动高质量发展，既是基于基本国情的必需选择，也是全面建设社会主义现代化的客观要求。从基本国情看，我国环境容量有限，生态系统脆弱，污染重、损失大、风险高的生态环境状况还没有根本扭转，并且独特的地理环境加剧了地区间的不平衡。"胡焕庸线"东南方43%的国土，居住着全国94%左右的人口，以平原、水网、低山丘陵和喀斯特地貌为主，生态环境压力巨大；该线西北方57%的国土，供养大约全国6%的人口，以草原、戈壁沙漠、绿洲和雪域高原为主，生态系统非常脆弱。这个基本国情是习近平生态文明思想产生和新路子提出的基本依据。从全面建设社会主义现代化看，新路子作为习近平生态文明思想在实践中的集中体现，从理念、战略、思路、路径等方面对坚持以新发展理念引领高质量发展和加快建设生态文明提出总要求，深刻揭示了新时代中国特色社会主义现代化建设的显著标志，充分彰显了以习近平同志为核心的党中央坚持绿色发展、建设人与自然和谐共生现代化的价值取向和建设美丽中国的历史使命。

（二）"新路子"的内在逻辑

新路子是"两山"理论和习近平生态文明思想的实践要求，深刻阐明了"两座山"之间是发展和保护的辩证统一关系，充分体现了人与自然和谐共生的本质要求，为新时代我国推动高质量发展提供了行动指南（安静赜等，2020）。

1. "生态优先导向"既突出生态保护优先地位，也明确高质量发展的立足之本

"生态优先导向"是正确处理发展和保护关系的根本导向，既要把生态环境保护放在优先地位，也要将生态优先全面融入经济社会发展的各方面以及全过程。一方面，生态优先导向，首先强调生态环境保护要优先于经济发展。马克思主义生态观认为，生态环境是客观的，不以人的意识为转移；生态环境也是事先存在的，人创造物质的能力只是在物质预先存在条件下进行的；生态环境又是本源的，人因自然而生；生态环境还是整体的，人与自然是生命共同体。可见，人对生态环境的破坏和伤害最终会伤及人类自身。在生态学语境中，人类社会是一个自然—经济—社会复合系统。在这个系统中，生态系统处于优先地位。马克思曾经指出:"人靠自然界生活。这就是说,自然界是人为了不致死亡而必须与之处于持续不断的交互作用过程的、人的身体。"因此,人类发展活动必须尊重自然、顺应自然、保护自然,否则就会遭到大自然的报复,这个规律谁也无法抗拒。我国环境容量有限,生态系统脆弱,污染重、损失大、风险高的生态环境状况还没有根本扭转,并且独特的地理环境加剧了地区间的不平衡。以内蒙古为例,其地处祖国北疆,位于蒙古高原东南部,横跨"三北",毗邻八省区,临近京津冀,外接俄罗斯和蒙古国,地理区位十分特殊。《全国生态功能区规划》(修编版)中显示,在全国生态系统服务九大功能区中,内蒙古不仅都有而且基本实现全域覆盖,是我国北方最重要的生态功能区之一。习近平总书记指出:"内蒙古生态状况如何,不仅关系全区各族群众生存和发展,而且关系华北、东北、西北乃至全国生态安全。"把内蒙古建成我国北方重要生态安全屏障,既是党中央立足全国发展大局确立的战略定位,也是内蒙古自治区必须自觉担负的重大责任。因此,一方面,以生态优先为导向,在推动经济发展中首先要保持生态文明建设战略定力,不动摇、不松劲、不开口子,如果经济建设和生态环境保护出现矛盾,必须坚定不移地做到"宁要绿水青山,不要金山银山",绝不能再走"先污染后治理"的老路;另一方面,生态优先导向也明确了高质量发展的立足之本。以生态优先为导向,也强调了生态环境和生产力之间是有机统一关系。在马克思看来,良好生态环境本身就是生产力和经济财富,外界自然条件在经济上可以分为两大类:生活资料的自然富源,如土壤的肥力、渔产丰富的江河等;劳动资料的自然富源,如奔腾的瀑布、可以航行的河流、森林、金属、煤炭等。我们的先人也早就认识到生态环境和生产力的关系。例如《论语》中说:"子钓而不纲,弋不射宿。"其意思是不用大网打鱼,不射夜宿之鸟。荀子说:"草木荣华滋硕之时则斧斤不入山林,不夭其生,不绝其长也;鼋鼍、鱼鳖、鳅鳝孕别之时,罔罟、毒药不入泽,不夭其生,不绝其长也。"《吕氏春秋》中说:"竭泽而渔,岂不获得?而明年无鱼;焚薮而田,岂不获得?而明年无兽。"为此,习近平总书记曾深刻地指出："保护生态环境就是保护生产力，改善生态环境就是发展生产力。"习近平总书记指出："绿水青山可以源源不断地带来金山银山，绿水青山本身就是金山银山，我们种的常青树就是摇钱树，生态优势变成经济优势。""如果能够把这些生态环境优势转化为生态农业、生态工业、生态旅游等生态经济的优势，那么绿水青山也就变成了金山银山。"简言之，保护和改善生态环境就是从根本上保护和发展生产力。这要求我们在推动经济发展的实践中把生态环境保护放在更加突出的位置，像保护眼睛一样保护生态环境，像对待生命一样对待生态环境，在生态环境保护上要算大账、算长远账、算整体账、算综合账，不能因小失大、顾此失彼、寅吃卯粮、急功近利，把不损害生态环境作为发展的底线，努力建设天蓝地绿水清的美好家园。

2. "绿色发展导向"既指明高质量发展的路径方向，也揭示生态环境保护的根本所在

绿色发展是我们正确处理发展和保护关系的治本之策，通过形成资源节约、环境友好的发展格局，最终实现人与自然和谐共生。一方面，"绿色发展导向"指明了高质量发展的路径方向。绿色发展既是推动高质量发展的内在要求，也是建设现代化的根本原则。习近平总书记指出："绿色发展是新发展理念的重要组成部分，与创新发展、协调发展、开放发展、共享发展相辅相成、相互作用，是全方位变革，是构建高质量现代化经济体系的必然要求，目的是改变传统的'大量生产、大量消耗、大量排放'的生产模式和消费模式，使资源、生产、消费等要素相匹配相适应，实现经济社会发展和生态环境保护协调统一、人与自然和谐共处。"绿色发展要求我们从人与自然是生命共同体出发，找准发展和保护的结合点，将生态环境内化为生产力的内生变量与价值目标，突破把保护生态与发展生产力对立起来的僵化和传统思维范式，实现建设生态环境和保护发展生产力的有机统一，不断推进生态效益、经济效益、社会效益在更高水平上实现协调统一和动态平衡，既不走"守着绿水青山苦熬"的穷路，也不走"以牺牲生态环境为代价换取一时一地经济增长"的老路。可见，既要金山银山，也要绿水青山，是绿色发展的本质特征，既有深厚的历史文化渊源，也科学把握了时代发展新趋势，体现了历史智慧和现代文明的深度交融，是建设中国特色社会主义的必然选择，开辟了马克思主义中国化的新境界。另一方面，"绿色发展导向"也揭示了生态环境保护的根本所在。以绿色发展为导向强调了保护生态环境的根本在于彻底转变传统发展方式。习近平总书记指出："生态环境问题归根到底是经济发展方式问题。"这是因为，一方面，离开经济发展搞生态环境保护，绿水青山就会失去坚实支撑；另一方面，环境问题虽然涉及诸多方面，但根本上是经济结构、生产方式、消费模式和发展道路问题。因此，从源头上防治污染，必须从发展方式上找根源，将绿色发展内化在经济转型升级过程中，加快形成资源节约、环境友好的空间格局、产业结构、生产方式、生活方式。

改革开放以来，我国经济社会发展取得历史性成就，这是值得我们自豪和骄傲的。同时，我们在快速发展中也积累了大量生态环境问题，成为明显短板，成为人民群众反映强烈的突出问题（温宗国，2018）。习近平总书记曾经指出，必须牢固树立生态红线的观念，优化国土空间开发格局，坚决克服把保护生态与发展生产力对立起来的传统思维，下大决心、花大气力改变不合理的产业结构、资源利用方式、能源结构、空间布局、生活方式，决不以牺牲环境、浪费资源为代价换取一时的经济增长，实现经济社会发展与生态环境保护的共赢。我们要充分认识建立绿色发展方式的重要性、紧迫性、艰巨性，摆在更加突出的位置，加快构建科学适度有序的国土空间布局体系、绿色循环低碳发展的产业体系、约束和激励并举的生态文明制度体系、政府企业公众共治的绿色行动体系，加快构建生态功能保障基线、环境质量安全底线、自然资源利用上线三大红线，全方位、全地域、全过程开展生态环境保护建设，让金山银山常有、绿水青山常在。只有这样做，才能在发展中保护、在保护中发展，实现经济社会发展与人口、资源、环境相协调，使绿水青山产生巨大生态效益、经济效益、社会效益。

（三）"新路子"的本质特征

"两个导向"是"绿水青山就是金山银山"理念在理论和实践中的集中体现，全面阐释了发展和保护的辩证统一关系。

1. "以生态优先、绿色发展为导向"集中体现了唯物辩证法的两点论

两点论告诉我们，凡事都要坚持一分为二的观点，"两个导向"共同鲜明体现了这一哲学思想。一方面，"两个导向"深刻阐明了发展和保护相互联系、相互影响、相互制约，不是"水火不相容"，而是"鱼水不可分离"，追求的是"双赢"；另一方面，"两个导向"又强调了发展和保护之间有"主次之分"。从两者关系看，生态环境保护是经济发展的前提和基础，经济发展是生态环境保护的支撑和内生动力，两者须臾不可偏废。

2. "以生态优先为导向"充分体现了唯物辩证法的重点论

"以生态优先为导向"中强调的生态环境保护优先，反映了"宁要绿水青山，不要金山银山"的生态文明核心思想。也就是说，在处理发展和保护关系上，如果经济发展是以破坏生态环境为代价的，那么这样的发展无疑是不可取的，因此，最终只能作出宁可不要的抉择。当前，内蒙古正处在转变发展方式、优化经济结构、转换增长动力的爬坡过坎的攻关期，阵痛和割舍不可避免，这就要求我们在发展中选好方向，突出重点，合理取舍。运用重点论指导内蒙古经济发展和生态环境保护建设工作实践贯穿于习近平总书记对内蒙古重要讲话、重要指示批示的方方面面。其中，"保持加强生态环境保护建设的战略定力，不动摇、不松劲、不开口子"无疑是重点论在实际工作运用中的最好体现。

3. "以绿色发展为导向"把发展和保护融为一体是科学发展观的统一论

绿色发展不是"一般的发展",它强调发展和保护的辩证统一性和相互依存性。绿水青山不可能也不应该孤立地存在,而应以科学合理的方式转化为金山银山。这方面,浙江省安吉县和内蒙古库布齐沙漠的经验与做法值得我们充分借鉴。然而,还有许多地方把发展和保护、把绿水青山和金山银山的关系割裂开来甚至对立起来,要么守着绿水青山安于贫困,要么不惜绿水青山透支环境,这种非此即彼的做法无疑与科学发展、绿色发展相背离。绿色发展作为"绿水青山就是金山银山"的路径方向和根本途径,为内蒙古牢固树立和贯彻落实新发展理念提供了思想认识基础和科学工作指引。

总之,走以生态优先、绿色发展为导向的高质量发展路子,为内蒙古处理发展和保护关系时在"矛盾"中找到了"共生"之法,在"对立"中提供了"转化"之机,在"多难"选择中明确了"多赢"之路(张学刚,2020)。

第二章　内蒙古生态功能重要性分析

内蒙古自治区地处祖国正北方，横跨"三北"，内联八省，区位独特、资源丰富、生态类型多样，拥有广袤的森林、草原、湿地和沙漠，是我国北方面积最大、种类最全的生态功能区和重要的生态安全屏障。

一、生态系统主要类型与分布格局

内蒙古自治区位于蒙古高原，平均海拔高度为1000米左右，地貌复杂多样，分布着大兴安岭、阴山、贺兰山等山脉，拥有森林、草原、农田、湿地、荒漠等生态类型。如图2-1所示，2018年内蒙古草地、森林、水域（包括河流、湖泊、湿地等）、荒漠、农田、城镇六大生态系统面积分别为489923平方千米、181919平方千米、15397平方千米、353828平方千米、124734平方千米和17200平方千米。六大生态系统面积占比从高到低依次为草地（约41.41%）、荒漠（约29.91%）、森林（约15.39%）、农田（约10.54%）、城镇（约1.45%）和水域（约1.30%）。

内蒙古12个盟市各类生态系统面积分布情况见表2-1，从中可以看出：第一，草地生态系统方面，锡林郭勒盟、呼伦贝尔市、鄂尔多斯市草地面积位列全区前三，合计达301682平方千米，占全区草地面积的比重约61.58%。第二，森林生态系统方面，呼伦贝尔市、赤峰市、兴安盟森林面积位列前三，合计达160593平方千米，约占全区森林面积比重的88.28%。

（平方千米）

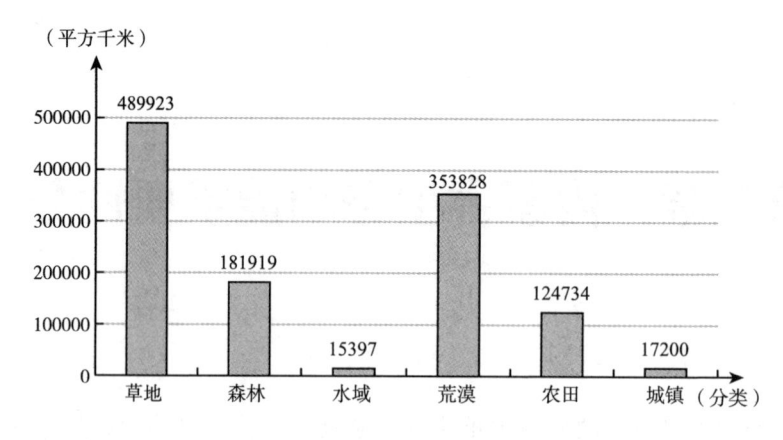

图2-1 内蒙古各类生态系统面积

资料来源：中国科学院资源环境科学与数据中心。

其中，呼伦贝尔市森林面积高达125043平方千米，占全区森林面积比重达68.74%左右。第三，水域生态系统方面，呼伦贝尔市、鄂尔多斯市、巴彦淖尔市水域生态面积位列前三，合计7941平方千米，约占全区水域生态面积比重的51.58%。第四，荒漠生态系统方面，阿拉善盟和呼伦贝尔市荒漠面积较大，合计达259646平方千米，约占全区荒漠生态系统面积的73.38%。其中，阿拉善盟荒漠面积最大，达221782平方千米，占全区荒漠面积比重高达62.68%左右。第五，农田生态系统方面，呼伦贝尔市、赤峰市、通辽市农田生态系统面积位列全区前三，合计64362平方千米，约占全区农田面积比重的51.60%。第六，城镇生态系统方面，鄂尔多斯市、赤峰市、乌兰察布市、通辽市、呼和浩特市、呼伦贝尔市等盟市城镇生态系统面积占比均在10%左右，其余盟市城镇生态系统面积较少。

表2-1　　　2018年内蒙古各盟市不同类型生态系统面积　　　单位：平方千米

盟市	草地	森林	水域	荒漠	农田	城镇
呼和浩特市	7256	2723	461	378	7689	1704
包头市	18047	1015	444	1788	3825	1206
呼伦贝尔市	68680	125043	4083	37864	22875	1652
兴安盟	18675	17011	787	4070	13863	949
通辽市	21518	8019	993	9746	19149	1765

续表

盟市	草地	森林	水域	荒漠	农田	城镇
赤峰市	35340	18539	1552	7722	22338	2123
锡林郭勒盟	176974	3602	1581	20222	5699	1401
乌兰察布市	33568	2028	888	2844	15163	2061
鄂尔多斯市	56028	1753	2116	23672	4426	2301
巴彦淖尔市	30875	676	1742	23320	9221	1094
乌海市	603	84	70	420	85	369
阿拉善	22359	1426	680	221782	801	575

资料来源：中国科学院资源环境科学与数据中心。

2018年内蒙古与邻近八省区不同类型生态系统面积对比情况见表2-2。从中可以看出，内蒙古各类生态系统面积总计达118.29万平方千米，远大于邻近八省区生态系统面积。其中，内蒙古草地、水域、荒漠生态系统面积均高于邻近八省区，排名第一位。草地生态系统面积甚至比邻近八省区草地面积总和多13.71万平方千米，荒漠生态系统面积比邻近八省区森林面积总和多13.48万平方千米，水域生态系统面积比排名第二位的黑龙江多出0.51万平方千米。此外，内蒙古森林和农田生态系统面积仅次于黑龙江，均远大于其他省区森林生态系统面积和农田生态系统面积；城镇生态系统面积仅次于河北，排名第二位。

表2-2　　2018年内蒙古及邻近八省区不同类型生态系统面积

单位：万平方千米

类型	内蒙古	甘肃	宁夏	陕西	山西	河北	辽宁	吉林	黑龙江
草地	48.99	14.00	2.35	7.91	4.41	3.25	0.47	0.69	2.20
森林	18.19	3.89	0.28	4.79	4.44	3.79	6.23	8.42	19.18
水域	1.54	0.34	0.10	0.17	0.15	0.52	0.59	0.46	1.03
荒漠	35.38	15.29	0.47	0.44	0.01	0.13	0.18	1.08	4.30
农田	12.47	6.42	1.74	6.70	5.78	9.03	5.97	7.67	17.46
城镇	1.72	0.54	0.24	0.56	0.87	2.12	1.29	0.80	1.08
合计	118.29	40.48	5.18	20.57	15.66	18.84	14.73	19.12	45.25

资料来源：中国科学院资源环境科学与数据中心。

此外，在全国和内蒙古主体功能区规划中，国家和自治区级两级重点开发区域仅占全区面积的13.1%，限制和禁止开发区域占全区面积的86.9%，相当于祖国正北方有1/8的国土面积主要用于生态保护，这在维护全国生态安全中发挥着举足轻重的作用（任亚平，2014）。在内蒙古划定生态保护红线方案中，上报红线面积为60.79万平方千米，占全区国土面积的51.39%，相当于首批划定生态保护红线的15个省区市（京津冀、长江经济带11个省市、宁夏）红线面积总和，是全国红线面积、比例最大的地区，因此，内蒙古是国家北方重要的生态安全屏障。

二、生态服务功能评价

内蒙古地域辽阔，拥有大森林、大草原、大湿地、大沙漠，是我国北方面积最大、种类最全的生态功能区，为我国北方乃至全国提供了强大的生态系统服务功能。

（一）水源涵养功能

内蒙古是我国北方重要水源涵养区，是东北亚和我国北方的"水塔"。内蒙古高原和内蒙古大兴安岭地区具有强大的水源涵养功能。据内蒙古自治区生态环境厅估算，全区生态系统水源涵养总量达591.27亿立方米，是我国高纬度地区功能完整的综合水源涵养系统。根据内蒙古自治区水利厅统计数据，全区多年平均水资源总量约为545.95亿立方米，约占毗邻八省区水资源总量的1/6。内蒙古东部地区河网密集、湿地广布，发育大小河流3000多条，是黑龙江、松花江、辽河的发源地，我国东北50%以上的河流水量来源于内蒙古中东部森林与草原水源涵养区，是东北淡水资源的重要水源涵养区，内蒙古嫩江向黑龙江输水量为204.8亿立方米，发挥着东北亚"水塔"的重要功能，造就了著名的

"东北粮仓"。此外，锡林郭勒草原是滦河水系的源头和上游主要水源的涵养地，供水量占引滦入津总供水量的17%（王玉华等，2019）。因此，保护好内蒙古的江河湖泊不仅是内蒙古走以生态优先、绿色发展为导向高质量发展新路子的必然要求，也关系到周边特别是京津冀地区的水生态安全，对国家水环境保护意义重大。

（二）防风固沙功能

内蒙古是我国"三北"地区乃至全国的"挡沙墙"。全区分布有30个国家防风固沙生态功能区中的9个，面积为47.8万平方千米，约占全国防风固沙生态功能区总面积的24.02%。防风固沙功能极重要区和重要区主要分布在浑善达克沙地防风固沙区、科尔沁防风固沙区、毛乌素沙地防风固沙区、阴山北麓防风固沙区及阿拉善高原防风固沙区。各类生态系统防风固沙总量达57.58亿吨，占全国固沙总量的50%以上。内蒙古自治区原林业厅2014年统计数据显示，全区五大沙漠、五大沙地植被年防风固沙量15.92亿吨，年滞尘量709.53万吨，这些沙漠和沙地是京津沙尘暴的主要源头之一。内蒙古位于京津冀的上风向，平均海拔超过1300米，比京津地区高出千米以上，且多数沙漠、沙地分布在西伯利亚冷空气和大陆性季风的必经之地，因此，内蒙古防风固沙的能力及其大气环境质量的好坏，对京津乃至整个北方地区的大气环境和气候状况有直接影响。①

（三）碳固定功能

内蒙古是华北地区乃至全国的"碳汇库"。内蒙古自治区环境监测中心站数据显示，全区生态系统年固碳总量达5361万吨，占全国固碳总量的9.12%。森林和草原作为内蒙古两大主要生态系统类型，是我国陆

---

① 内蒙古自治区研究室，中国草业发展战略研究中心．国家北方生态安全屏障综合试验区建设研究［M］．北京：中国发展出版社，2019．

地生态系统中的巨大碳库，能够在抑制温室效应、缓解气候变化方面发挥重要作用。其中，森林生态系统是固碳主体，年固碳量为1582万吨，约占全区生态系统固碳总量的65.21%，其次为草地生态系统，年固碳量为1582万吨，约占总固碳量的29.51%。全区固碳功能极重要区和重要区面积分别为10.53万平方千米和35.9万平方千米，主要分布在大兴安岭、兴安盟、通辽市、赤峰市、锡林郭勒盟东部以及阴山山脉。

（四）生物多样性保护功能

内蒙古是我国北方地区面积最大、最为重要、集中连片的生物多样性保护区域。据内蒙古自治区生态环境厅测算，全区生态系统生物多样性保护极重要区面积为26.54万平方千米，占全国生物多样性保护极重要区面积的13.22%，主要包括大兴安岭林区、呼伦贝尔草原、辽西平原大青沟、阴山山脉、贺兰山、鄂尔多斯西部等地区。全区生物多样性重要区面积为26.49万平方千米，占全国生物多样性保护重要区面积的24.62%，主要分布在极重要区周围和燕山北麓。全区分布有各类野生高等植物2781种，植被组成主要有乔木、灌木、半灌木植物、草本植物等基本类群，列入《国家重点保护野生植物名录》有10种，约占国家重点保护植物（255种）的3.92%。全区野生脊椎动物众多，共记录到陆生脊椎动物613种，其中属于国家一级重点保护野生动物有28种，约占全国的29.17%；国家二级重点保护野生动物有87种，约占全国的54.38%。在《中国生物多样性保护战略与行动计划》（2011－2030年）列出的32个陆域生物多样性保护优先区中，内蒙古涉及大兴安岭、松嫩平原、呼伦贝尔、锡林郭勒草原以及西鄂尔多斯—贺兰山—阴山5个生物多样性保护优先区。

（五）土壤保持功能

蒙古高原由地中海抬升形成，松散物质大量堆积，砂岩、堆砂岩经多年强烈风、水和冻融侵蚀，形成碎石、砂土、黄土，造成松散地层，加之内蒙古全年大风日数较多，易形成沙尘天气（韦文英，2014）。因此，加强内蒙古土壤保持功能对北方气候形成和生态安全具有十分重要的作用。内蒙古生态环境厅统计数据显示，内蒙古生态系统土壤保持总量为33.29亿吨，约占全国的8.21%。其中，森林和草地是全区土壤保持功能的主体，森林和草地生态系统分别约占全区土壤保持总量的61.78%和24.12%。见表2-3，全区土壤保持重要性以上面积为19.36万平方千米，约占全区总面积的16.90%。其中，极重要区总面积为1.84万平方千米，约占全区土地面积的1.60%，主要分布于大兴安岭及乌兰察布市南部；重要区面积为5.12万平方千米，约占全区面积的4.47%，分布于呼伦贝尔市东北部以及兴安盟西部；中等重要区面积为12.40万平方千米，约占全区面积的10.83%，主要分布于呼伦贝尔市中部、赤峰市西部。此外，内蒙古是水土流失防治的重点区域，截至2018年底全区累计完成水土流失综合治理面积为0.63万平方千米，为区域经济社会可持续发展和群众生产生活水平提高提供了重要支撑与保障。

表2-3　　　　　　内蒙古生态系统土壤保持功能重要性分布

土壤保持重要性	面积（万平方千米）	占全区面积比例（%）
极重要	1.84	1.60
重要	5.12	4.47
中等重要	12.40	10.83
一般区域	95.21	83.10

资料来源：内蒙古自治区环境监测中心站。

（六）农畜产品供给功能

内蒙古拥有闻名世界的广袤草原和丰富的家畜品种资源，是国家重要的农畜产品生产加工输出基地。东部呼伦贝尔市、兴安盟、通辽市、赤峰市土壤有机质含量高、生态环境状况好，是生产绿色有机农畜产品的理想区域；西部巴彦淖尔市位于著名的河套平原，土壤肥沃，灌溉系统发达，历来是西北最主要的农产品产区。目前，内蒙古是全国13个粮食主产省区之一和6个净调出省区之一，是公认的优质小麦、大米、玉米、土豆、杂粮和油料黄金生产带，具备每年稳定向区外调出1250万吨粮食的能力，在保障国家粮食安全中具有重要地位。见表2-4，2012年内蒙古粮食产量首次进入全国十强，粮食产量由2012年的2739.8万吨增长至2019年的3653.0万吨，增长了约33.33%；粮食作物播种面积由2012年的612.4万公顷增长至2019年的682.3万公顷，增长了约11.41%；每公顷产量由2012年的4473千克增长至2019年的5350千克，增长了约19.61%；人均粮食占有量由2012年的1015千克增长至2019年的1438千克，增长了约41.67%。如图2-2所示，2019年内蒙古粮食产量位居全国第八位，约占全国粮食总产量的5.5%。见表2-5，2019年内蒙古羊肉产量达109.79万吨，居全国首位，约占全国羊肉总产量的22.52%；2019年内蒙古牛肉产量63.78万吨，仅次于山东，居全国第二，约占全国牛肉总产量的9.56%；2018年内蒙古牛奶产量565.57万吨，居全国首位，约占全国牛奶总产量的18.4%；2018年内蒙古羊绒产量6606.83吨，居全国首位，占全国羊绒总量的比重高达42.8%。

表2-4　　　　　　　2012~2019年内蒙古粮食产量

年份	粮食产量 （万吨）	粮食作物播种面积 （万公顷）	粮食单产 （千克·公顷$^{-1}$）	人均粮食 （千克·人$^{-1}$）
2012	2739.8	612.4	4473	1015
2013	3070.5	625.3	4910	1229
2014	3112.4	638.9	4871	1242
2015	3292.6	658.0	5003	1311
2016	3263.3	680.3	4796	1294
2017	3254.5	678.1	4799	1287
2018	3553.0	679.0	5233	1402
2019	3653.0	682.3	5350	1438

注：2019年数据来自《国家统计局关于2019年粮食产量的公告》。
资料来源：《内蒙古统计年鉴（2019）》。

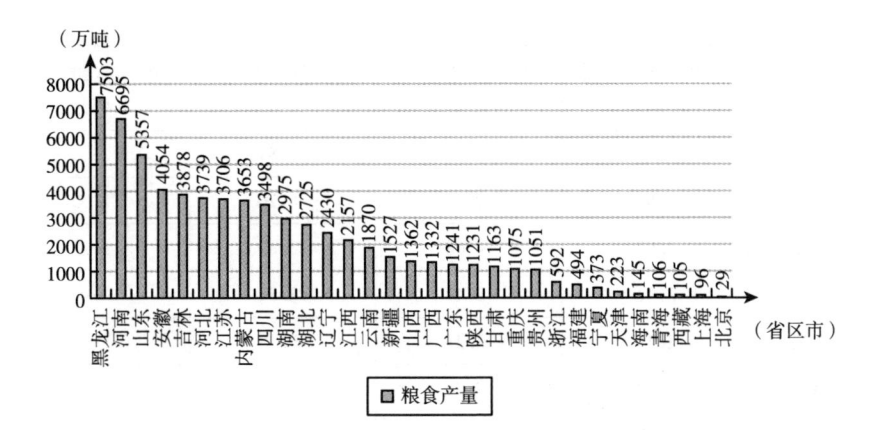

图 2-2 2019年全国各省区市粮食产量

资料来源：根据国家统计局官网统计数据绘制。

表 2-5　　　　　　　　　　全国各省区市主要畜产品产量

省区市	2019年羊肉产量（万吨）	2019年牛肉产量（万吨）	2018年牛奶产量（万吨）	2018年羊绒产量（吨）
北京	0.38	0.75	31.06	3.14
天津	0.85	2.53	48.04	—
河北	31.00	57.20	384.81	704.60
山西	8.03	6.61	81.06	1215.10
内蒙古	109.79	63.78	565.57	6606.83
辽宁	6.81	29.60	131.80	1055.59
吉林	4.73	41.86	38.83	86.69
黑龙江	12.72	45.49	455.91	189.86
上海	0.21	0.01	33.44	—
江苏	6.49	2.93	50.03	0.04
浙江	2.27	1.30	15.73	—
安徽	18.83	9.49	30.80	—
福建	2.22	2.14	13.82	—
江西	2.31	13.14	9.63	—
山东	36.86	73.33	225.11	551.06
河南	28.11	36.22	202.65	312.54

续表

省区市	2019年羊肉产量（万吨）	2019年牛肉产量（万吨）	2018年牛奶产量（万吨）	2018年羊绒产量（吨）
湖北	9.85	15.99	12.81	—
湖南	15.90	19.00	6.20	1.00
广东	1.97	4.08	13.89	—
广西	3.46	12.41	8.87	—
海南	1.19	2.21	0.19	—
重庆	6.77	7.26	4.89	—
四川	27.08	36.43	64.24	140.00
贵州	4.98	21.51	4.58	8.10
云南	20.03	39.01	58.21	6.00
西藏	5.77	21.15	36.44	853.37
陕西	9.25	8.49	109.75	1478.26
甘肃	25.00	22.75	40.50	324.10
青海	13.93	14.63	32.57	355.00
宁夏	10.41	11.46	168.29	663.00
新疆	60.32	44.52	194.85	883.48
合计	487.52	667.28	3074.57	15437.76

资料来源：国家统计局官网。

三、生态系统现状评价

内蒙古森林、草原、湿地广布，自然禀赋较好，加之近年来深入实施一系列重点生态工程，推进重点区域污染防治，生态环境整体恶化趋势基本得到遏制。一是森林面积增长，蓄积量增加，覆盖率提高，森林生态系统质量整体较好。全区森林面积从20世纪80年代初至今增加了90.17%，覆盖率提高了10.2%，蓄积量增加了80.07%。二是荒漠面积减少,沙漠扩展现象得到遏制,局部有所好转。荒漠化和沙化土地实现"双减少"且处于相对稳定状态。五大沙漠周边治理区域沙漠扩展现象得到遏制,五大沙地林草植被覆盖度提高,局部生态环境有所改善。三是生态工程建设区植被高度、盖度、生产力提高,生态环境改善明显。2017年重点监测旗县退牧还草工程区与非工程区相比,植被高度增加14%,盖度提高5%,产草量增加4.5%,沙源治理工程与建设初期相比,植被盖度提高约6%,产草量增加30%。四是草原、湿地退化速度减缓。草原面积从20世纪80年代初到2005年快速减少,2005年之后处在较为平稳的状态。湿地面积在2010年之前快速萎缩,2010年之后萎缩速度降低。①

根据《2019年内蒙古自治区生态产品总值(GEP)② 核算报告》,从总量上看,2019年内蒙古生态产品总值(GEP)达到4.48万亿元,是同期地区GDP的2.6倍,表明内蒙古生态功能远大于生产功能。从GEP结构上看,内蒙古生态系统提供的调节服务产品总价值为3.37万亿元,占GEP比重约为75.35%;生态系统提供的文化服务产品总价值为0.79万亿元,占GEP比重约为17.67%;生态系统提供的物质产品总价值为0.31万亿元,占GEP比重约为6.98%,内蒙古生态系统提供的调节服务(即生态服务价值)位居全国首位。从GEP变化趋势上看,内蒙古GEP由2015年的3.94万亿元增长至2019年的4.48万亿元,增长了约13.75%,表明近年来内蒙古生态保护取得了显著成效,生态环境保护与经济社会发展协调度不断提高。

总体上看,内蒙古生态系统整体恶化趋势基本得到遏制,局部出现好转。但内蒙古生态系统质量依然不高,国土空间占比84%的水域湿地、草原、荒漠、农田等生态系统本底脆弱(王玉华等,2019),草原、湿地、耕地生态退化的状况与生态系统质量较差的基本面仍未得到彻底

---

① 王玉华,高学磊,白力军,等. 内蒙古北方生态安全屏障建设研究[J]. 环境与发展,2019(9):212-215.

② 生态产品总值(GEP)是指生态系统为人类生存与福祉提供的产品与服务的经济价值。

改变，潜在生态风险依然很大。

（一）草原面积总体呈减少趋势，质量持续下降，草原生态系统沙化、退化、超载问题严重

1. 草原总面积和中高覆盖度草原面积持续减少

如图 2-3 所示，内蒙古草原总面积从 20 世纪 70 年代末的 55.95 万平方千米减少到 2018 年的 48.99 万平方千米，减少了约 12.44%。从各盟市具体情况来看，根据表 2-6，除鄂尔多斯市、呼和浩特市、乌兰察布市、锡林郭勒盟外，其余盟市草原面积均出现不同程度的减少。

2. 草地质量持续下降

如图 2-4 所示，从 1980 年到 2018 年，质量好的高覆盖度草地面积由 25.7 万平方千米减少到 17.65 万平方千米，减少了约 31.3%；质量较好的中覆盖度草地面积略有增加，而质量偏差的低覆盖度草地面积也略有减少，减少了约 7.6%。

3. 草原生产力大幅衰减

草原生产力是决定草原生态、生产功能的关键指标，草原退化导致的直接结果就是生产力衰减。内蒙古草原生产力从 20 世纪 80 年代的每公顷[①]1035 千克减少到 2018 年的每公顷 850 千克，下降 18% 左右，严重地区下降 60%~80%。

4. 草原超载严重

全区草原超载率在 12%~30%，部分地区甚至更高。此外，内蒙古草原生态系统还存在以下一系列问题：草原科技投入低、科技支撑能力

---

① 1 公顷 = 0.01 平方千米。

薄弱；草原生态奖补政策投入机制以间接投入为主，缺乏市场化运行机制，以致草地生态恢复效率比较低下；草原区开矿成为破坏草原的重要因素，开矿消耗大量地下水，造成环境污染，破坏了生态平衡；等等。

（万平方千米）

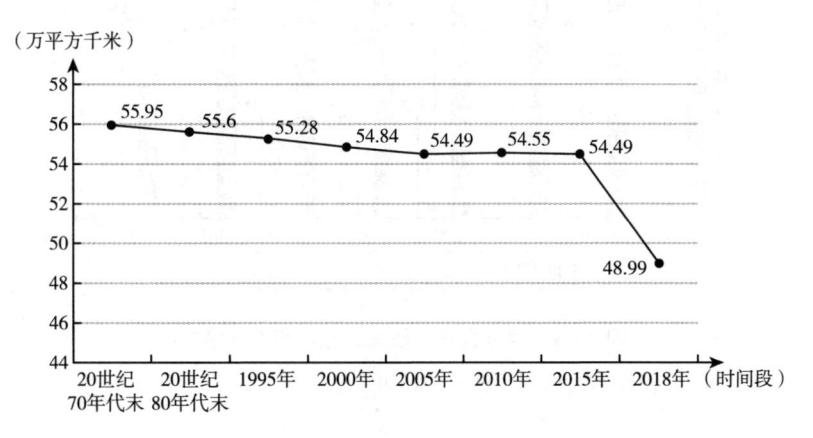

数据点：
- 20世纪70年代末：55.95
- 20世纪80年代末：55.6
- 1995年：55.28
- 2000年：54.84
- 2005年：54.49
- 2010年：54.55
- 2015年：54.49
- 2018年：48.99

图 2-3　内蒙古草地面积变化情况

资料来源：中国科学院资源环境科学与数据中心。

表 2-6　　　　内蒙古各盟市草地面积变化情况　　　　单位：平方千米

盟市	20世纪70年代末	20世纪80年代末	1995年	2000年	2005年	2010年	2015年	2018年
呼和浩特市	0.71	0.70	0.66	0.66	0.65	0.65	0.64	0.73
包头市	1.96	1.96	1.91	1.92	1.91	1.91	1.89	1.80
呼伦贝尔市	10.33	10.25	10.27	10.17	10.11	10.10	10.09	6.87
兴安盟	2.41	2.30	2.39	2.38	2.37	2.36	2.35	1.87
通辽市	2.95	2.90	2.76	2.68	2.66	2.65	2.63	2.15
赤峰市	4.78	4.75	4.60	4.56	4.55	4.53	4.48	3.53
锡林郭勒盟	17.56	17.52	17.52	17.45	17.34	17.40	17.39	17.70
乌兰察布市	3.33	3.33	3.36	3.32	3.36	3.36	3.35	3.36
鄂尔多斯市	5.54	5.53	5.56	5.50	5.38	5.39	5.41	5.60
巴彦淖尔市	3.51	3.51	3.53	3.53	3.49	3.51	3.52	3.09
乌海市	0.09	0.08	0.08	0.08	0.08	0.08	0.07	0.06
阿拉善盟	2.77	2.77	2.65	2.60	2.60	2.60	2.64	2.24

资料来源：中国科学院资源环境科学与数据中心。

(万平方千米)

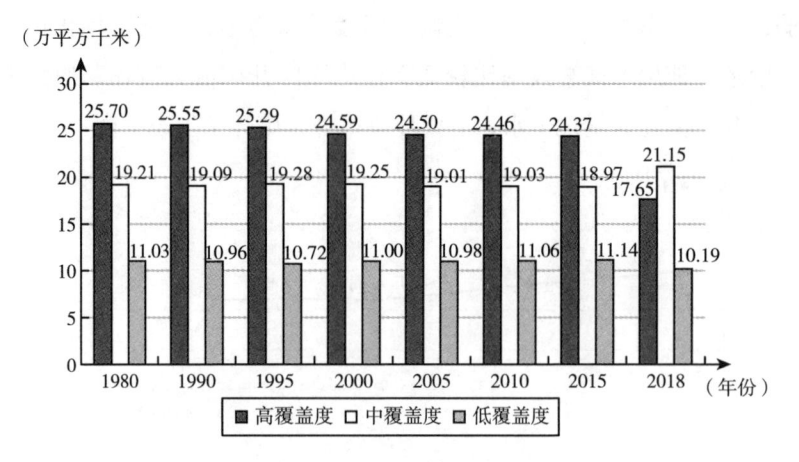

年份	高覆盖度	中覆盖度	低覆盖度
1980	25.70	19.21	11.03
1990	25.55	19.09	10.96
1995	25.29	19.28	10.72
2000	24.59	19.25	11.00
2005	24.50	19.01	10.98
2010	24.46	19.03	11.06
2015	24.37	18.97	11.14
2018	17.65	21.15	10.19

图 2-4 内蒙古不同质量草地面积变化情况

资料来源：中国科学院资源环境科学与数据中心。

（二）森林生态系统面积持续增长，覆盖率稳步提高，但一些问题不容忽视

1980 年全区森林面积约为 13.37 万平方千米，2018 年森林面积约为 3.92 亿亩，居全国第一位。森林覆盖率约为 22.1%，其中健康林地占 98%。但是，森林生态系统生态生产功能维持及提升存在以下问题：一是部分地区人工造林没有与区域气候和土壤条件以及水资源现状相结合，导致"年年造林不见林"的现象时有发生。二是人工造林普遍存在种植树种单一，以及重视种植乔木、忽视种植灌木和草本植物的现象。三是森林龄组结构不合理，幼龄、中龄林比重较大，约占 56.16%，可采伐资源较少。四是从目前森林建设和管理来看，普遍存在重造林、轻管理现象。

（三）荒漠化和沙化土地的生态环境危害依然很大

荒漠生态系统是生态系统中最为难以治理并达到预期成效的脆弱

系统。目前，内蒙古荒漠化和沙化土地的生态环境危害依然较大。内蒙古境内沙地、沙漠及戈壁、裸地等累计近30万平方千米，约占国土面积的27.03%，是我国荒漠化和沙化土地最为集中、危害最为严重的地区。据统计，春季发生于内蒙古的半径在60千米以上范围的沙尘暴有45.2%影响到京津冀地区，半径在100千米以上范围的沙尘暴则有71.6%影响到京津冀地区，潜在威胁依然不可忽视。此外，荒漠生态系统的治理还面临诸多难题，如内蒙古作为我国荒漠化发生的极敏感区，生态环境依然脆弱，退化治理难度大，治理成果的维护成本高且生态系统自我调节能力较弱，生态系统不稳定，退化经常出现反复；国家和区域资金投入明显不足，治理成本不断提高，严重制约了防止的速度、质量和成效。[①]

（四）湿地生态系统面积萎缩，水质整体偏差，湿地生态功能退化

中国科学院资源环境科学数据中心统计数据显示，内蒙古湿地生态系统水域面积从20世纪80年代初的3.91万平方千米减少为2015年的3.61万平方千米，湖泊数量由427个减少到282个。同时，湖库水质整体偏差，根据《内蒙古自治区生态环境状况公报》，2019年全区湖库水质总体评价为重度污染，其中劣Ⅴ类水质湖库4个，占28.6%。"一湖两海"中只有乌梁素海水质由Ⅳ类好转为Ⅲ类，呼伦湖和岱海水质依然为劣Ⅴ类重度污染。整体来看，近年来内蒙古湿地虽得到一定保护和恢复，但其生态问题依然严峻：一是气候变化对湿地系统的影响显著，特别是干旱的气候条件导致了湿地面积缩减；二是工农业污染导致湿地水质变差，加剧了湿地生态功能退化；三是不合理的开发利用破坏了湿地天然的保护条件，导致湿地资源衰减和环境恶化；四

---

① 资料来源：中国科学院资源环境科学数据中心。

是保护管理体制不完善，湿地保护经费投入不足制约着湿地保护管理工作的有效开展。

（五）水生态系统面临水资源短缺、分布时空差异明显、地下水超采严重、水位下降明显等严峻形势

一是水资源总量呈减少趋势，年际波动大，加大了生态风险。1956~2000年内蒙古平均水资源量为545.95亿立方米，但2001~2018年平均水资源量下降为453.9亿立方米，减少了约17%。二是人均水资源量少、空间分布不均匀。内蒙古人均水资源量分别为全国和世界人均水平的74%和21%，尤其是阿拉善盟、巴彦淖尔、呼和浩特、包头、鄂尔多斯等中西部地区水资源特别匮乏，仅为全区平均水平的16%。三是用水量持续增加，区域用水不均衡，部分地区水资源开发利用过度。2018年内蒙古总用水量达192亿立方米，比2000年增加了11.45%，用水量占全区水资源总量的35%，高于全国平均水平。全区水资源开发利用率为34.8%，其中黄河和辽河流域达到76%和81%，远超过40%的国际警戒线。四是农业用水比重大，农田灌溉用水占比高。2000年、2005年、2010年、2015年、2018年内蒙古农业用水占全区用水量的比重分别为89%、85%、77%、75%和72.9%，在全国7个农业用水大省中排位靠前。2018年农田灌溉用水124亿立方米，约占农业用水量的88.6%、占总用水量的64.6%。其中，地下水灌溉面积由1982年的881.71万亩增加至2018年的4000多万亩；地下水灌溉用水量由1982年的16亿立方米增加到2018年的52亿立方米。五是地下水超采严重。全区地下水利用量已占可开采量的3/4，总体超采量超过6亿立方米，远超过了安全开采警戒线，导致部分区域地下水位下降明显。[①]

---

① 资料来源：《内蒙古自治区水资源公报（2019）》。

（六）农田生态系统面临着低质耕地面积增加，农药化肥污染严重的严峻形势

内蒙古耕地面积和粮食单产持续增加，但付出了较大的生态代价。1980~2018年，耕地面积从525.2万公顷增加到913.3万公顷，增加了约73%，列居全国第二位，但耕地质量总体偏差，农用地利用14等和15等的耕地（低等地）比重达60%以上，中低产田占70%以上，粮食单产低于全国平均水平近10%。[①] 内蒙古化肥施用总量由1990年的34.11万吨增加到2018年的222.67万吨，农药用量由1990年的0.51万吨增加到2018年的2.96万吨，土壤污染较为严重。[②] 此外，内蒙古还面临着科技力量投入不足、水资源紧缺、农业用水量增加以及利用率低、土壤质量下降、管理粗放、耕作方式落后、规模化和机械化水平低等亟待解决的难题。合理控制农田生态系统规模，提高生产效率、减少垦草垦荒、逐步退耕还草，是维持生态系统稳定、减少水资源过度开采利用的重要措施，必须引起重视。

综上所述，内蒙古是东北亚和我国北方的"水塔"，是我国"三北"地区乃至全国的"挡沙墙"，是我国陆地生态系统中最大的碳库，是全国生物多样性保护最为重要的区域之一，是全国粮食和肉畜产品生产的重要基地，是我国北方面积最大、种类最全的生态功能区，生态地位十分重要。内蒙古生态状况如何，不仅关系全区各族群众生存和发展，而且关系华北、东北、西北乃至全国生态安全。近年来，内蒙古生态系统整体恶化趋势基本得到遏制，局部出现好转，但生态系统本底脆弱、整体质量较差的基本面尚未彻底改变。把内蒙古建成我国北方重要生态安全屏障，既是立足全国发展大局确定的战略定位，也是内蒙古必须自觉肩负起的重大责任。

---

① 资料来源：中国科学院资源环境科学数据中心。
② 资料来源：《内蒙古自治区统计年鉴》。

第三章　内蒙古绿色发展现状评价

按照"生态优先、绿色发展"为导向的高质量发展新路子要求，构建一套能够反映经济—资源—环境耦合关系的综合评价指标体系，对内蒙古生态保护、环境治理、环境质量、资源利用、绿色生活、经济增长质量等进行分维度评价，在此基础上，对内蒙古绿色发展现状进行综合评价。

一、指标体系构建

本书在国家发展改革委2016年12月底公布的绿色发展评价指标体系[①]的基础上，根据新路子的要求进行了适当调整，见表3-1，调整后的评价指标体系包括了生态保护、环境治理、环境质量、资源利用、绿色生活、经济增长质量6个一级指标和47个二级指标。

（一）指标权重确定

目前，国内关于权重的确定主要使用主观赋权方法，具体操作就是根据专业知识、实践经验通过主观分析后，研究确定各个评价指

---

① 资料来源：http://www.gov.cn/xinwen/2016-12-22/content_5151575.htm.

标的重要性的权重确定方法。参考郝淑双（2018）的做法，这里按照以下步骤完成了赋权工作：一是将指标体系的指标权重分成了三类。第一类是"十三五"规划纲要中规定的有关约束性指标；第二类是"十三五"规划纲要和《加快推进生态文明建设的意见》提出的主要监测评价指标；第三类为其他有关绿色发展的重要监测评价指标。二是根据重要程度，总权数为100%，三类指标的权数之比按3∶2∶1进行计算。其中，标★的指标权数为3.26%，标◆的指标权数为2.17%，标▲的指标权数为1.09%。三是6个一级指标的权重分别由其所包含的二级指标权重汇总生成。其中，资源利用、环境治理、环境质量、生态保护、增长质量、绿色生活的权重分别为33.68%、19.57%、19.57%、13.06%、8.68%、5.44%。这样的设计和安排，就能够充分体现习近平总书记关于生态优先、绿色发展为导向的重要指示要求。

表3-1　　　　　　　　　绿色发展评价指标体系

一级指标	二级指标	单位	类型	权重（%）	符号
生态保护	森林覆盖率	%	★	3.26	+
	森林蓄积量	亿立方米	★	3.26	+
	湿地面积占辖区面积比重	%	◆	2.17	+
	自然保护区占辖区面积比重	%	▲	1.09	+
	新增水土流失治理面积占辖区面积比重	%	▲	1.09	+
	新增矿山恢复治理面积占矿业开采累计占用损坏土地面积比重	%	▲	1.09	+
环境治理	化学需氧量排放总量减少	%	★	3.26	+
	氨氮排放总量减少	%	★	3.26	+
	二氧化硫排放总量减少	%	★	3.26	+
	氮氧化物排放总量减少	%	★	3.26	+
	危险废物处置率	%	▲	1.09	+
	生活垃圾无害化处理率	%	◆	2.17	+

续表

一级指标	二级指标	单位	类型	权重（%）	符号
环境质量	污水集中处理率	%	◆	2.17	+
	环境污染治理投资占GDP比重	%	▲	1.09	+
	省会城市空气质量优良天数比率	%	★	3.26	+
	省会城市PM$_{10}$浓度下降	%	★	3.26	+
	地表水达到或好于Ⅲ类水体比例	%	★	3.26	+
	地表水劣Ⅴ类水体比例	%	★	3.26	+
	地级及以上城市集中式饮用水水源水质达到或优于Ⅲ类比例	%	◆	2.17	+
	单位耕地面积化肥使用量	千克/公顷	▲	1.09	−
	单位耕地面积农药使用量	千克/公顷	▲	1.09	−
	新增建设用地规模	万亩	★	3.26	−
	单位GDP建设用地面积降低率	%	◆	2.17	+
	综合能耗产出率	万元/吨	◆	2.17	+
	一般工业固体废物综合利用率	%	▲	1.09	+
资源利用	能源消费总量	万吨标准煤	◆	2.17	−
	单位GDP能耗降低	%	★	3.26	+
	单位GDP二氧化碳排放降低	%	★	3.26	+
	天然气占一次能源消费比重	%	★	3.26	+
	用水总量	亿立方米	◆	2.17	−
	万元GDP用水量下降	%	★	3.26	+
	单位工业增加值用水量降低率	%	◆	2.17	+
	农业用水效率	—	◆	2.17	+
	耕地保有量	亿亩	★	3.26	+
	新增建设用地规模	万亩	★	3.26	−
	单位GDP建设用地面积降低率	%	◆	2.17	+
	综合能耗产出率	万元/吨	◆	2.17	+
	一般工业固体废物综合利用率	%	▲	1.09	+
绿色生活	绿色出行（城镇每万人公交客运量）	万人次/万人	▲	1.09	+
	城市建成区绿地率	%	▲	1.09	+
	农村自来水普及率	%	◆	2.17	+
	农村卫生厕所普及率	%	▲	1.09	+

续表

一级指标	二级指标	单位	类型	权重（％）	符号
增长质量	人均 GDP 增长率	％	◆	2.17	+
	居民人均可支配收入	元/人	◆	2.17	+
	第三产业增加值占 GDP 比重	％	◆	2.17	+
	高技术产业增加值占工业增加值比重	％	◆	2.17	+
	R&D 经费支出占 GDP 比重	％	◆	2.17	+

注：标★的表示由"十三五"规划确定的资源环境约束性指标；标◆的表示由"十三五"规划和"加快推进生态文明建设"的意见提出的主要监测评价指标；标▲的表示绿色发展的其他重要监测评价指标。

资料来源：笔者绘制。

（二）数据来源

出于比较研究的需要，本书将样本范围设定为国内的 30 个省区市[①]。同时，受数据可获得性限制，把时间跨度设定为 2006~2017 年。省会城市空气质量优良天数比率、地表水达到或好于Ⅲ类水体比例、地表水劣Ⅴ类水体比例、省会城市可吸入颗粒物 PM_{10} 浓度等数据均来源于历年《中国生态环境状况公报》[②] 及各省区市生态环境状况公报[③]。能源消费量数据来源于《中国能源统计年鉴》；矿业开采累计占用损坏土地面积数据来源于《中国国土资源统计年鉴》；其他数据来源均选用《中国统计年鉴》《中国工业经济统计年鉴》《中国林业统计年鉴》、中经网统计数据库、EPS 统计分析数据库等。

（三）绿色发展综合评价指数

本书采用综合指数法对"生态优先、绿色发展"为导向高质量发展

[①] 由于西藏、港澳台地区较多指标数据难以获取，故未将这些地区纳入研究样本。
[②] 资料来源：http：//www.mee.gov.cn/hjzl/zghjzkgb/lnzghjzkgb/。
[③] 资料来源：http：//www.mee.gov.cn/hjzl/zghjzkgb/gshjzkgb/。

水平进行综合测度,其计算公式如下:

$$Z = \sum_{i=1}^{N} w_i x_i (N = 1,2,\cdots,43) \qquad (3-1)$$

式中,Z 为综合评价指数;x_i 为指标的个体指数;N 为指标个数;w_i 为指标 x_i 的权重。其中,指标按评价作用分为正向指标和负向指标,按指标数据性质分为绝对数指标和相对数指标,需对各个指标进行无量纲化处理。具体处理方法是将负向指标转化成正向指标,将绝对数指标转化成相对数指标。

1. 关于负向指标的正向化处理

可做合适的单调递减的函数变换将负向指标正向化处理。主要方法有取倒数法、取负值法等。为简单起见,一般令 $x^* = M - x$ 或 $x^* = \frac{1}{x}$,其中,M 为指标 x 的一个允许的上界。新增建设用地规模指标数值有正有负,用取倒数的方法不合适,这里用取负值的方法进行正向化处理。

2. 无量纲化处理

常用的无量纲化方法有标准化方法和极值处理法。其中,标准化方法的计算公式为:

$$x_{ij}^* = \frac{x_{ij} - \bar{x}_j}{s_j} \qquad (3-2)$$

式中,$\bar{x}_j$、s_j 分别是第 j 个指标 x_j 的样本均值和样本标准差。

极值处理法的计算公式为:

$$x_{ij}^* = \frac{x_{ij} - m_j}{M_j - m_j}, M_j = \max\{x_{ij}\}, m_j = \min\{x_{ij}\} \qquad (3-3)$$

本书主要使用上述方法来作为评价指标体系的无量纲化方法,同时将单位耕地面积化肥施用量、单位耕地面积农药施用量等负向指标进行正向化和归一化处理。

二、绿色发展水平的测度与评价

（一）生态保护水平

2006~2017年我国30个省区市的环境治理指数的测算结果见表3-2，根据表3-2绘制出环境治理指数变化趋势，如图3-1所示。从自身看，2006~2017年内蒙古生态保护水平呈现出平稳上升的态势，由2006年的0.287上升至2017年的0.359，上升幅度达25.08%左右，表明内蒙古生态文明建设力度不断加强，生态保护水平不断提升。与横向比较看，在样本考察期间，内蒙古的生态保护水平虽低于东北地区平均水平，但仍高于东部、中部以及西部地区的平均水平，2017年内蒙古生态保护水平指数值在全国排名第7位，表明从全国范围来看，内蒙古的生态保护水平已走在全国前列。例如，近年来随着林业生态建设不断加强，内蒙古森林面积、蓄积量持续双增长，天然林资源得到有效恢复，人工林资源不断增加，森林质量进一步提高，森林生态服务功能进一步增强。2017年末全区森林面积约2487.9万公顷，比1982年增长55.5%，年均增长1.3%；森林覆盖率达21.0%，比1982年提高7.4个百分点；乔木林单位蓄积量达75.5立方米/公顷。积极实施天然林资源保护、"三北"防护林建设、退耕还林还草等重点工程，2017年完成营造林面积140.4万公顷。

表3-2　　2006~2017年各省区市生态保护指数测算结果

省区市	2006年	2007年	2008年	2009年	2010年	2011年	2012年	2013年	2014年	2015年	2016年	2017年
北京	0.121	0.140	0.118	0.177	0.164	0.166	0.160	0.182	0.189	0.187	0.195	0.203
天津	0.096	0.098	0.095	0.096	0.079	0.082	0.083	0.113	0.112	0.111	0.122	0.131
河北	0.180	0.178	0.175	0.202	0.197	0.196	0.201	0.206	0.207	0.206	0.212	0.232

续表

省区市	2006年	2007年	2008年	2009年	2010年	2011年	2012年	2013年	2014年	2015年	2016年	2017年
山西	0.096	0.101	0.094	0.097	0.098	0.097	0.100	0.111	0.115	0.114	0.132	0.142
内蒙古	**0.287**	**0.284**	**0.288**	**0.308**	**0.310**	**0.307**	**0.306**	**0.341**	**0.347**	**0.347**	**0.352**	**0.359**
辽宁	0.205	0.205	0.202	0.215	0.221	0.248	0.230	0.251	0.249	0.247	0.262	0.271
吉林	0.336	0.335	0.341	0.345	0.344	0.344	0.345	0.363	0.365	0.370	0.375	0.382
黑龙江	0.437	0.441	0.443	0.478	0.480	0.482	0.483	0.511	0.511	0.510	0.525	0.531
上海	0.237	0.234	0.230	0.272	0.223	0.217	0.214	0.273	0.266	0.266	0.274	0.279
江苏	0.084	0.084	0.079	0.092	0.088	0.088	0.090	0.138	0.140	0.138	0.142	0.152
浙江	0.268	0.270	0.263	0.281	0.273	0.272	0.273	0.295	0.293	0.293	0.299	0.305
安徽	0.129	0.129	0.130	0.144	0.142	0.143	0.145	0.166	0.164	0.167	0.178	0.182
福建	0.354	0.327	0.335	0.336	0.336	0.336	0.360	0.388	0.382	0.373	0.385	0.388
江西	0.317	0.319	0.322	0.353	0.342	0.346	0.347	0.359	0.355	0.353	0.362	0.368
山东	0.140	0.165	0.137	0.132	0.122	0.124	0.118	0.130	0.122	0.124	0.142	0.149
河南	0.144	0.106	0.124	0.121	0.120	0.121	0.119	0.173	0.218	0.182	0.193	0.201
湖北	0.165	0.171	0.163	0.189	0.188	0.186	0.182	0.243	0.238	0.238	0.242	0.254
湖南	0.235	0.235	0.234	0.268	0.272	0.268	0.267	0.276	0.281	0.280	0.292	0.304
广东	0.274	0.280	0.269	0.279	0.286	0.284	0.282	0.305	0.306	0.306	0.312	0.321
广西	0.254	0.254	0.258	0.315	0.311	0.312	0.312	0.333	0.337	0.336	0.345	0.352
海南	0.281	0.235	0.311	0.249	0.251	0.256	0.253	0.269	0.268	0.268	0.285	0.292
重庆	0.135	0.141	0.147	0.213	0.211	0.191	0.190	0.218	0.222	0.222	0.235	0.263
四川	0.486	0.426	0.459	0.454	0.463	0.460	0.463	0.482	0.483	0.483	0.499	0.502
贵州	0.138	0.138	0.147	0.181	0.181	0.182	0.191	0.224	0.220	0.224	0.234	0.245
云南	0.444	0.429	0.416	0.472	0.472	0.474	0.470	0.505	0.505	0.506	0.522	0.536
陕西	0.224	0.231	0.214	0.245	0.239	0.239	0.239	0.267	0.267	0.267	0.286	0.296
甘肃	0.133	0.133	0.117	0.123	0.121	0.121	0.122	0.130	0.132	0.134	0.144	0.149
青海	0.116	0.117	0.117	0.118	0.119	0.118	0.118	0.136	0.137	0.137	0.142	0.149
宁夏	0.059	0.086	0.076	0.081	0.080	0.095	0.096	0.089	0.091	0.089	0.092	0.112
新疆	0.091	0.088	0.085	0.105	0.097	0.094	0.093	0.100	0.100	0.100	0.117	0.111
全国	**0.216**	**0.213**	**0.213**	**0.231**	**0.228**	**0.228**	**0.228**	**0.253**	**0.254**	**0.253**	**0.263**	**0.272**

资料来源：笔者绘制。

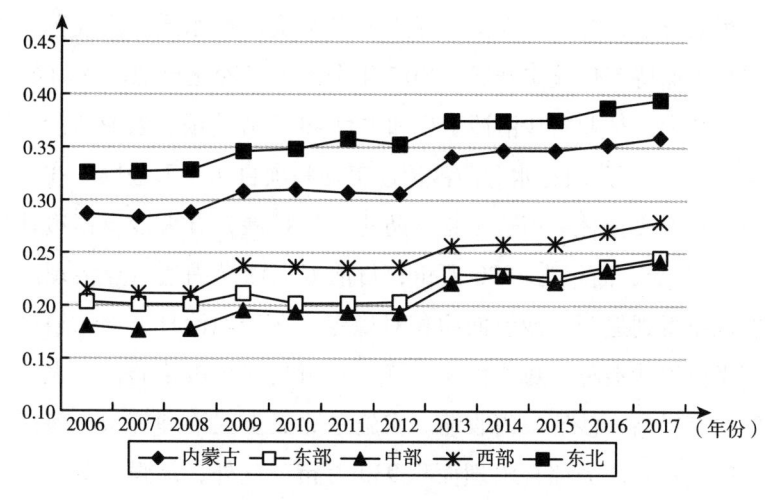

图 3-1　生态保护指数变化趋势

资料来源：笔者绘制。

（二）环境治理水平

2006~2017年我国30个省区市的环境治理指数的测算结果见表3-3。同时，根据表3-3我们进一步绘制了环境治理指数变化趋势，如图3-2所示，以更清晰地展现各省份环境治理水平的演进态势。从自身看，2006~2017年内蒙古环境治理指数值总体呈现波动式上升的态势，已经由2006年的0.494提高到2017年的0.675，涨幅达到了36.64%，表明样本考察期间内蒙古的环境治理水平在不断提升。从横向比较看，"十二五"中期以来，内蒙古的环境治理指数值大致与东部地区的均值持平，同时高于中部、西部以及东北地区的平均水平。2017年，内蒙古的环境治理指数在全国排名第13位。其中，主要污染物总量减排持续强化。2017年，内蒙古二氧化硫、氨氮排放总量分别比2005年下降28.2%、15.3%，年均分别下降3.0%、1.5%。全区一般工业固体废物利用率达37.1%，危险废物处置利用率达97.8%。大气和水污染防治深入实施，全面落实"水十条"重点任务，开展污水处理厂提标改造和"十大行业"专项整治，完成水污染治理项目216个；积极推进重点流域水污染防治、总排干入黄口等3个劣Ⅴ类断面水质实现改善。沙地治理和水土保持工作扎实开展，2017年全区完成沙化土地治理面积83.2万公顷。其中，林业防沙治沙工程和项目49.4万公顷；农业防沙治沙工程和项目29.3万公顷；水利防沙治沙工程和项目4.5万公顷。在沙漠治理方面，重点实施林草锁边工程，防止沙漠扩展，五大沙漠锁边林带总长约2210千米、面积为1920万亩，目前五大沙漠周边重点治理区域沙漠扩展现象得到遏制，沙漠面积相对稳定。在沙地治理方面，通过人工造林、飞播治沙造林、封沙育林（草）和封禁保护等措施，五大沙地林草盖度均有提高，沙地向内收缩。实施东北黑土区治理等水土保持重点项目，完成水土流失综合治理面积930万亩。此外，加强工业污染源防治，实施工业污染治理项目81个（潘志峰和朱大玮，2017）。

表3-3　　2006~2017年各省区市环境治理指数测算结果

省区市	2006年	2007年	2008年	2009年	2010年	2011年	2012年	2013年	2014年	2015年	2016年	2017年
北京	0.687	0.668	0.715	0.608	0.653	0.673	0.663	0.679	0.712	0.675	0.775	0.682
天津	0.601	0.600	0.614	0.606	0.485	0.578	0.652	0.658	0.664	0.661	0.623	0.652
河北	0.458	0.567	0.653	0.617	0.609	0.596	0.644	0.649	0.664	0.689	0.713	0.702
山西	0.423	0.492	0.520	0.585	0.626	0.599	0.648	0.660	0.672	0.726	0.735	0.722
内蒙古	**0.494**	**0.541**	**0.525**	**0.574**	**0.538**	**0.592**	**0.658**	**0.645**	**0.654**	**0.679**	**0.689**	**0.675**
辽宁	0.519	0.528	0.585	0.560	0.603	0.599	0.652	0.649	0.629	0.659	0.667	0.662
吉林	0.366	0.502	0.507	0.538	0.509	0.515	0.577	0.593	0.586	0.628	0.635	0.642
黑龙江	0.421	0.433	0.466	0.477	0.510	0.513	0.556	0.578	0.552	0.599	0.608	0.611
上海	0.538	0.595	0.665	0.716	0.670	0.677	0.635	0.639	0.695	0.742	0.752	0.762
江苏	0.599	0.628	0.630	0.616	0.613	0.615	0.641	0.656	0.655	0.673	0.688	0.960
浙江	0.556	0.614	0.665	0.637	0.641	0.636	0.657	0.663	0.664	0.687	0.696	0.702
安徽	0.399	0.515	0.579	0.556	0.561	0.615	0.646	0.669	0.657	0.664	0.675	0.678
福建	0.486	0.622	0.562	0.561	0.559	0.606	0.641	0.634	0.615	0.655	0.666	0.662
江西	0.406	0.494	0.574	0.592	0.576	0.602	0.645	0.625	0.635	0.625	0.642	0.674
山东	0.538	0.628	0.652	0.644	0.643	0.602	0.661	0.680	0.669	0.652	0.663	0.672
河南	0.493	0.556	0.618	0.602	0.591	0.597	0.630	0.632	0.647	0.652	0.658	0.662

续表

省区市	2006年	2007年	2008年	2009年	2010年	2011年	2012年	2013年	2014年	2015年	2016年	2017年
湖北	0.415	0.513	0.517	0.542	0.537	0.551	0.601	0.619	0.631	0.667	0.681	0.688
湖南	0.401	0.481	0.516	0.527	0.589	0.628	0.630	0.603	0.619	0.652	0.662	0.670
广东	0.496	0.483	0.543	0.603	0.643	0.644	0.631	0.642	0.639	0.660	0.667	0.671
广西	0.438	0.533	0.561	0.591	0.566	0.657	0.596	0.605	0.604	0.666	0.672	0.680
海南	0.470	0.458	0.595	0.511	0.505	0.575	0.593	0.615	0.577	0.640	0.652	0.657
重庆	0.518	0.638	0.652	0.598	0.632	0.693	0.664	0.657	0.638	0.652	0.661	0.673
四川	0.433	0.525	0.552	0.478	0.539	0.617	0.609	0.627	0.617	0.649	0.654	0.659
贵州	0.486	0.556	0.637	0.546	0.615	0.597	0.606	0.628	0.648	0.674	0.685	0.688
云南	0.368	0.517	0.513	0.543	0.585	0.488	0.594	0.596	0.623	0.651	0.663	0.674
陕西	0.346	0.424	0.433	0.563	0.587	0.571	0.638	0.642	0.650	0.660	0.675	0.678
甘肃	0.463	0.521	0.469	0.440	0.468	0.480	0.547	0.558	0.568	0.576	0.582	0.588
青海	0.399	0.453	0.486	0.425	0.335	0.439	0.509	0.505	0.513	0.543	0.542	0.563
宁夏	0.580	0.582	0.605	0.508	0.465	0.455	0.578	0.644	0.641	0.672	0.678	0.681
新疆	0.385	0.443	0.499	0.486	0.497	0.430	0.538	0.560	0.582	0.620	0.650	0.669
全国	**0.473**	**0.537**	**0.570**	**0.562**	**0.565**	**0.581**	**0.618**	**0.627**	**0.631**	**0.655**	**0.667**	**0.678**

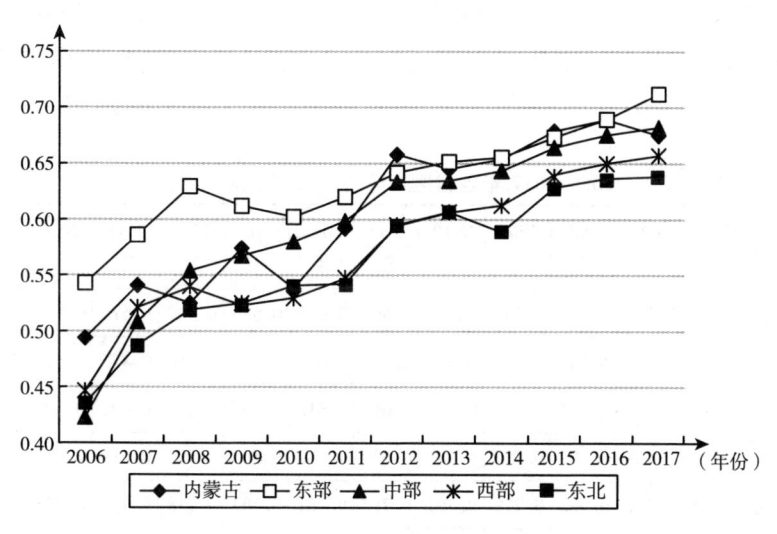

资料来源：笔者绘制。

图3-2 环境治理指数变化趋势

资料来源：笔者绘制。

（三）环境质量水平

2006～2017 年我国 30 个省区市的环境质量指数的测算结果见表 3-4。根据表 3-4 我们绘制了各省份的环境质量指数变化趋势，如图 3-3 所示。从自身看，"十一五"期间内蒙古的环境质量水平不断上升，但进入"十二五"环境质量有所下降，从"十二五"中期开始内蒙古的环境质量水平又开始稳步提升，这说明环境质量在持续改善。从横向比较看，自 2011 年起内蒙古的环境质量水平低于西部平均水平，但高于东部、中部以及东北地区平均水平，表明内蒙古的环境质量在全国范围内属于良好水平。例如，2017 年全区地级及以上城市空气质量优良天数比重达 86.3%，在京津冀及周边 7 个省区中内蒙古是 $PM_{2.5}$ 唯一达标、改善幅度最大和空气优良天数最多的地区，同时沙尘暴天数也由 2008～2012 年平均每年的 1.6 天下降到 2013～2017 年的 0.5 天。地表水达到或好于Ⅲ类水体比例达 55.0%，地级及以上城市集中式饮用水水源水质达到或优于Ⅲ类比例达 80.4%。需要注意的是，与同为欠发达地区的广西、贵州、云南等省市相比，内蒙古环境质量水平在西部地区中排名较为靠后，未来仍需下大力气改善环境质量状况。

表 3-4　　2006～2017 年各省区市环境质量指数测算结果

省区市	2006年	2007年	2008年	2009年	2010年	2011年	2012年	2013年	2014年	2015年	2016年	2017年
北京	0.536	0.537	0.602	0.597	0.587	0.597	0.605	0.586	0.581	0.576	0.588	0.593
天津	0.675	0.691	0.695	0.690	0.687	0.707	0.679	0.457	0.466	0.475	0.495	0.504
河北	0.505	0.511	0.541	0.580	0.601	0.615	0.612	0.387	0.442	0.496	0.501	0.523
山西	0.471	0.468	0.499	0.533	0.581	0.679	0.682	0.564	0.591	0.618	0.624	0.633
内蒙古	**0.658**	**0.722**	**0.768**	**0.779**	**0.792**	**0.758**	**0.751**	**0.702**	**0.718**	**0.734**	**0.755**	**0.761**
辽宁	0.427	0.460	0.481	0.514	0.545	0.551	0.551	0.564	0.560	0.557	0.671	0.582

续表

省区市	2006年	2007年	2008年	2009年	2010年	2011年	2012年	2013年	2014年	2015年	2016年	2017年
吉林	0.678	0.687	0.686	0.729	0.733	0.741	0.765	0.742	0.746	0.750	0.782	0.799
黑龙江	0.674	0.650	0.654	0.666	0.693	0.707	0.742	0.714	0.720	0.727	0.738	0.746
上海	0.556	0.550	0.549	0.571	0.578	0.571	0.591	0.578	0.589	0.601	0.615	0.633
江苏	0.467	0.528	0.594	0.615	0.627	0.644	0.705	0.669	0.682	0.695	0.704	0.720
浙江	0.702	0.695	0.719	0.752	0.755	0.708	0.730	0.724	0.734	0.744	0.752	0.775
安徽	0.687	0.664	0.671	0.701	0.692	0.731	0.750	0.732	0.740	0.747	0.758	0.763
福建	0.809	0.794	0.805	0.822	0.828	0.822	0.826	0.828	0.826	0.824	0.834	0.844
江西	0.806	0.800	0.800	0.801	0.783	0.791	0.799	0.774	0.797	0.820	0.833	0.842
山东	0.504	0.498	0.517	0.541	0.570	0.606	0.645	0.532	0.561	0.591	0.621	0.634
河南	0.618	0.610	0.638	0.638	0.655	0.604	0.626	0.544	0.553	0.563	0.578	0.783
湖北	0.714	0.722	0.729	0.752	0.741	0.745	0.765	0.745	0.756	0.768	0.778	0.792
湖南	0.732	0.752	0.765	0.791	0.812	0.815	0.799	0.822	0.835	0.847	0.855	0.863
广东	0.654	0.642	0.678	0.694	0.695	0.702	0.713	0.707	0.707	0.707	0.723	0.746
广西	0.840	0.843	0.865	0.896	0.874	0.869	0.878	0.852	0.854	0.856	0.862	0.886
海南	0.891	0.860	0.848	0.846	0.845	0.852	0.884	0.853	0.862	0.871	0.882	0.886
重庆	0.741	0.750	0.775	0.795	0.814	0.816	0.826	0.801	0.812	0.823	0.840	0.845
四川	0.735	0.728	0.733	0.778	0.793	0.753	0.750	0.696	0.709	0.721	0.735	0.742
贵州	0.781	0.775	0.776	0.780	0.791	0.806	0.852	0.834	0.844	0.855	0.861	0.872
云南	0.663	0.673	0.721	0.735	0.734	0.771	0.803	0.790	0.809	0.827	0.832	0.853
陕西	0.698	0.688	0.715	0.718	0.639	0.657	0.662	0.608	0.637	0.666	0.672	0.679
甘肃	0.585	0.646	0.691	0.684	0.681	0.736	0.768	0.780	0.785	0.789	0.821	0.815
青海	0.764	0.789	0.810	0.764	0.833	0.841	0.860	0.785	0.808	0.830	0.821	0.836
宁夏	0.684	0.693	0.706	0.690	0.698	0.687	0.673	0.628	0.636	0.643	0.652	0.662
新疆	0.663	0.689	0.680	0.706	0.732	0.748	0.743	0.774	0.774	0.775	0.781	0.789
全国	**0.664**	**0.671**	**0.690**	**0.705**	**0.713**	**0.721**	**0.735**	**0.692**	**0.704**	**0.717**	**0.723**	**0.746**

资料来源：笔者绘制。

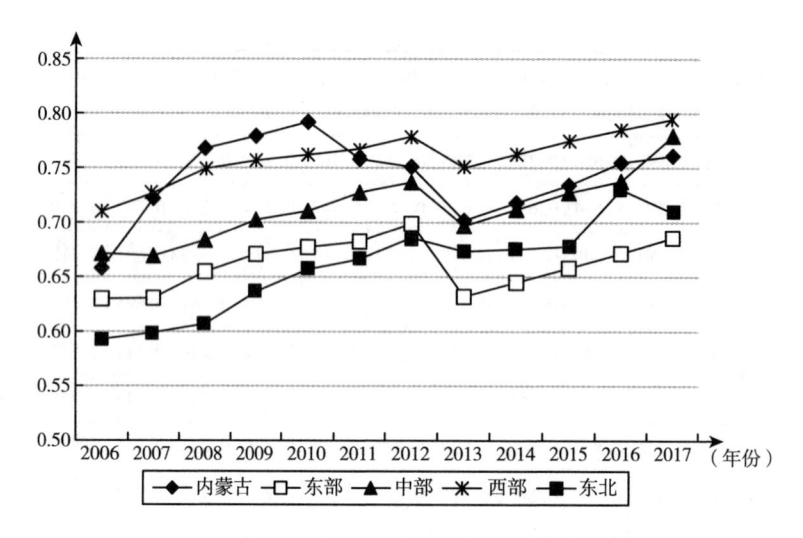

图 3-3　环境质量指数变化趋势

资料来源：笔者绘制。

（四）资源利用水平

2006~2017年我国各省区市的资源利用指数的测算结果见表3-5，并根据表3-5进一步绘制出资源利用指数变化趋势，如图3-4所示。为了更好了解和刻画内蒙古资源利用水平在全国的位置，我们又将30个省区市分成东部、中部、西部和东北四个战略区域。从测算结果看，近年来国家在对能源、水、土地等自然资源利用总量和强度进行"双控"考核条件下，各省份年度资源利用水平的波动幅度比较大。其中，"十一五"和"十二五"时期内蒙古的资源利用水平在波动中有所提升，特别是进入"十三五"时期，内蒙古的资源利用水平开始呈现出持续上升趋势，其资源利用指数已经由2015年的0.493上升为2017年的0.510。这表明，近年来内蒙古在控制能源消耗总量的同时，在提高各类资源利用效率方面做了富有成效的工作，因此，资源利用水平有所提升。但是，从与其他省份的横向比较看，虽然2015年以来内蒙古资源利用水平开始高于中部和西部的平均水平，但仍与东部地区存在明显差距，而且这种差距还呈扩大的趋势。例如，2017年内蒙古的资源利用指数在全国仅排在第19位。上述分析表明，内蒙古依然处在转方式、调结构的攻关期当中，转变经济发展方式的任务仍然十分艰巨。例如，当前内蒙古的万元地区GDP能耗水平是发达国家的3~11倍，是全国平均水平的1.6~2.0倍，亿元工业增加值比全国多产生240.5吨废气污染物、8156吨未能综合利用的固体废物和19吨未能综合利用的危险物。还比如，经济发展过程中依然存在着资源开发利用粗放、产业低端化、产品初级化等突出问题。目前，资源型煤炭就地转化率为35%，甲醇延伸加工率不足20%，有色金属延伸加工率为55%。

表3-5　　　　2006~2017年各省区市资源利用指数测算结果

省区市	2006年	2007年	2008年	2009年	2010年	2011年	2012年	2013年	2014年	2015年	2016年	2017年
北京	0.560	0.557	0.551	0.545	0.561	0.573	0.578	0.621	0.591	0.645	0.662	0.634
天津	0.537	0.533	0.551	0.495	0.519	0.504	0.539	0.567	0.536	0.522	0.513	0.525
河北	0.445	0.486	0.465	0.469	0.437	0.441	0.482	0.481	0.462	0.466	0.472	0.792
山西	0.442	0.490	0.494	0.449	0.407	0.407	0.477	0.462	0.446	0.416	0.421	0.435
内蒙古	**0.486**	**0.488**	**0.496**	**0.485**	**0.419**	**0.419**	**0.478**	**0.529**	**0.479**	**0.493**	**0.504**	**0.510**
辽宁	0.434	0.477	0.464	0.468	0.446	0.448	0.474	0.499	0.454	0.440	0.472	0.453
吉林	0.495	0.535	0.515	0.480	0.474	0.467	0.544	0.557	0.519	0.542	0.549	0.553
黑龙江	0.483	0.506	0.512	0.491	0.488	0.490	0.510	0.544	0.513	0.530	0.541	0.555
上海	0.493	0.496	0.499	0.434	0.474	0.525	0.540	0.494	0.602	0.521	0.552	0.559
江苏	0.439	0.445	0.442	0.448	0.409	0.410	0.440	0.440	0.435	0.464	0.472	0.497
浙江	0.481	0.491	0.466	0.501	0.452	0.485	0.513	0.485	0.505	0.522	0.531	0.544
安徽	0.440	0.494	0.426	0.465	0.491	0.483	0.496	0.481	0.533	0.482	0.506	0.514
福建	0.460	0.464	0.471	0.470	0.450	0.455	0.533	0.524	0.494	0.530	0.523	0.542
江西	0.452	0.420	0.482	0.447	0.444	0.444	0.519	0.504	0.485	0.494	0.486	0.479
山东	0.457	0.491	0.483	0.478	0.460	0.463	0.465	0.556	0.449	0.462	0.545	0.541
河南	0.446	0.526	0.471	0.488	0.484	0.475	0.512	0.527	0.553	0.486	0.498	0.508
湖北	0.457	0.497	0.445	0.458	0.422	0.452	0.467	0.587	0.462	0.521	0.532	0.541
湖南	0.445	0.498	0.474	0.457	0.451	0.457	0.501	0.521	0.482	0.475	0.487	0.480
广东	0.474	0.411	0.414	0.380	0.426	0.499	0.489	0.497	0.415	0.421	0.463	0.450

续表

地区	2006年	2007年	2008年	2009年	2010年	2011年	2012年	2013年	2014年	2015年	2016年	2017年
广西	0.456	0.499	0.426	0.491	0.450	0.454	0.463	0.484	0.484	0.497	0.501	0.521
海南	0.547	0.565	0.563	0.615	0.539	0.521	0.575	0.603	0.560	0.524	0.534	0.542
重庆	0.498	0.494	0.508	0.513	0.538	0.508	0.593	0.610	0.548	0.573	0.583	0.579
四川	0.541	0.512	0.479	0.500	0.521	0.526	0.509	0.533	0.509	0.456	0.478	0.502
贵州	0.456	0.508	0.438	0.489	0.466	0.496	0.487	0.513	0.490	0.494	0.510	0.519
云南	0.471	0.445	0.462	0.488	0.479	0.502	0.488	0.556	0.485	0.515	0.524	0.532
陕西	0.469	0.516	0.494	0.514	0.496	0.498	0.499	0.508	0.493	0.487	0.460	0.475
甘肃	0.463	0.490	0.492	0.454	0.443	0.473	0.511	0.497	0.481	0.509	0.499	0.511
青海	0.473	0.478	0.487	0.606	0.457	0.435	0.541	0.485	0.569	0.511	0.524	0.536
宁夏	0.384	0.487	0.398	0.415	0.393	0.355	0.485	0.435	0.449	0.433	0.466	0.467
新疆	0.376	0.416	0.359	0.376	0.351	0.372	0.309	0.340	0.377	0.401	0.411	0.432
全国	**0.469**	**0.490**	**0.474**	**0.479**	**0.462**	**0.468**	**0.501**	**0.512**	**0.495**	**0.494**	**0.507**	**0.524**

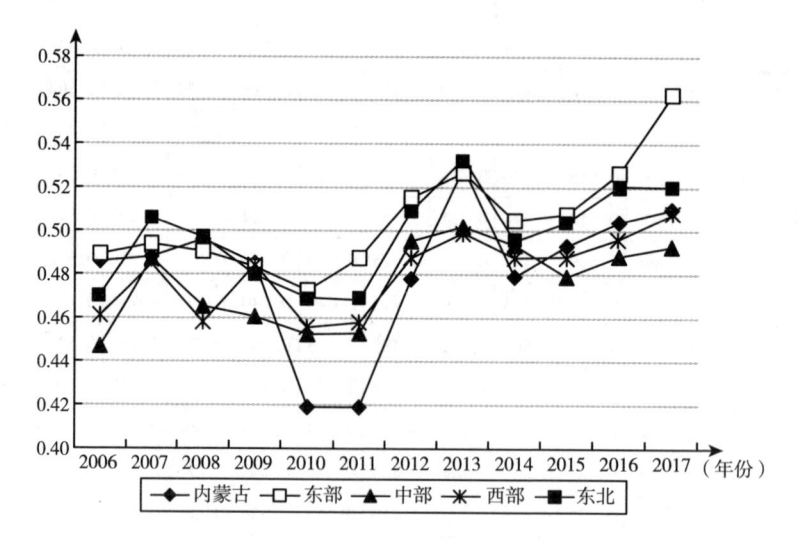

资料来源：笔者绘制。

图 3-4 资源利用指数变化趋势

资料来源：笔者绘制。

（五）绿色生活水平

2006～2017年我国30个省区市绿色生活指数的测算结果见表3-6，根据表3-6绘制各省区市的绿色生活指数变化趋势，如图3-5所示。从自身比较看，2006～2017年内蒙绿色生活水平呈现出逐年提升的态势，绿色生活指数值由2006年的0.061提升至2017年的0.475，上升幅度高达678.69%左右。与其他地区横向对比情况来看，虽然内蒙古绿色生活水平呈持续上升态势，但仍低于东部、中部、西部以及东北地区的平均水平，2017年内蒙古绿色生活指数值排名全国第27位，不足排名第一的北京的1/2，表明从全国范围内来看，内蒙古绿色生活水平依然偏低，成为制约绿色发展水平提升的突出短板之一，尤其是在绿色出行、城市绿化水平以及农村自来水普及率和厕所普及率等方面有待进一步提升。

表3-6　　　　2006～2017年各省区市绿色生活指数测算结果

省区市	2006年	2007年	2008年	2009年	2010年	2011年	2012年	2013年	2014年	2015年	2016年	2017年
北京	0.823	0.778	0.832	0.944	0.951	0.963	0.980	0.991	0.991	0.974	0.982	0.963
天津	0.639	0.624	0.643	0.646	0.689	0.702	0.707	0.724	0.736	0.742	0.752	0.778
河北	0.426	0.437	0.463	0.486	0.522	0.523	0.541	0.553	0.578	0.603	0.632	0.652
山西	0.391	0.383	0.429	0.450	0.453	0.456	0.477	0.486	0.526	0.554	0.632	0.641
内蒙古	**0.061**	**0.082**	**0.135**	**0.187**	**0.244**	**0.314**	**0.374**	0.365	**0.422**	**0.450**	**0.463**	**0.475**
辽宁	0.324	0.355	0.395	0.432	0.483	0.432	0.533	0.546	0.552	0.570	0.596	0.589
吉林	0.286	0.323	0.363	0.412	0.480	0.511	0.538	0.551	0.597	0.618	0.602	0.614
黑龙江	0.310	0.325	0.356	0.388	0.422	0.459	0.465	0.479	0.494	0.504	0.512	0.531
上海	0.801	0.803	0.802	0.801	0.812	0.817	0.820	0.825	0.824	0.834	0.836	0.849
江苏	0.618	0.642	0.672	0.692	0.715	0.730	0.743	0.751	0.765	0.773	0.782	0.795
浙江	0.592	0.611	0.642	0.665	0.675	0.675	0.696	0.716	0.733	0.749	0.752	0.763
安徽	0.216	0.202	0.228	0.270	0.304	0.328	0.358	0.395	0.446	0.480	0.493	0.512
福建	0.476	0.501	0.550	0.582	0.630	0.653	0.680	0.705	0.714	0.732	0.742	0.765
江西	0.289	0.350	0.391	0.435	0.492	0.525	0.550	0.567	0.579	0.588	0.592	0.601
山东	0.495	0.553	0.583	0.623	0.653	0.666	0.681	0.698	0.708	0.716	0.723	0.350
河南	0.287	0.312	0.344	0.354	0.361	0.395	0.419	0.425	0.473	0.492	0.502	0.512

续表

省区市	2006年	2007年	2008年	2009年	2010年	2011年	2012年	2013年	2014年	2015年	2016年	2017年
湖北	0.347	0.373	0.402	0.455	0.490	0.481	0.518	0.542	0.552	0.559	0.572	0.578
湖南	0.314	0.343	0.359	0.391	0.422	0.430	0.456	0.465	0.509	0.550	0.562	0.573
广东	0.503	0.557	0.595	0.605	0.634	0.651	0.676	0.691	0.703	0.713	0.723	0.757
广西	0.225	0.249	0.285	0.332	0.391	0.354	0.415	0.475	0.531	0.572	0.586	0.608
海南	0.335	0.360	0.407	0.445	0.504	0.521	0.553	0.591	0.608	0.607	0.611	0.623
重庆	0.313	0.389	0.445	0.493	0.565	0.596	0.624	0.634	0.636	0.646	0.652	0.658
四川	0.177	0.205	0.246	0.297	0.354	0.380	0.412	0.443	0.465	0.499	0.502	0.532
贵州	0.178	0.207	0.230	0.232	0.267	0.291	0.334	0.410	0.415	0.465	0.478	0.485
云南	0.255	0.286	0.311	0.356	0.387	0.409	0.435	0.442	0.454	0.461	0.472	0.478
陕西	0.146	0.161	0.266	0.300	0.315	0.334	0.344	0.263	0.267	0.282	0.299	0.301
甘肃	0.156	0.200	0.259	0.278	0.307	0.344	0.372	0.403	0.430	0.454	0.462	0.475
青海	0.372	0.397	0.426	0.428	0.463	0.484	0.510	0.494	0.513	0.503	0.512	0.519
宁夏	0.127	0.204	0.328	0.383	0.438	0.494	0.529	0.567	0.582	0.621	0.631	0.632
新疆	0.305	0.354	0.333	0.377	0.455	0.548	0.592	0.605	0.651	0.673	0.675	0.681
全国	**0.359**	**0.386**	**0.424**	**0.458**	**0.496**	**0.516**	**0.544**	**0.560**	**0.582**	**0.599**	**0.611**	**0.609**

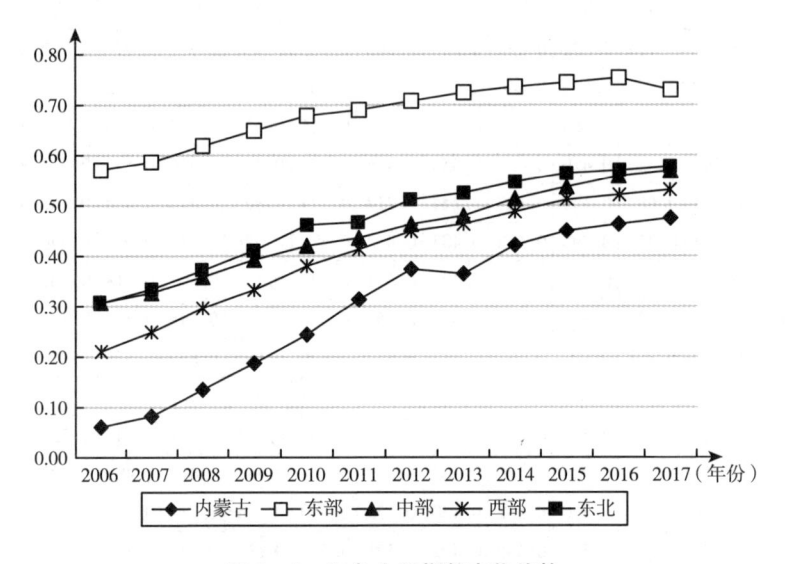

资料来源：笔者绘制。

图3-5 绿色生活指数变化趋势

资料来源：笔者绘制。

（六）经济增长质量

2006~2017年我国30个省区市的经济增长质量指数的测算结果见表3-7，根据表3-7绘制出各省区市的经济增长质量指数变化趋势，如图3-6所示。从自身看，2006~2017年内蒙古的经济增长质量变化趋势呈"V"字形特征，拐点发生在2013年。具体讲，从2006年开始内蒙古经济增长质量水平在波动中下降，2013年触底后开始缓慢上升。这表明，党的十八大以来，内蒙古全面贯彻落实习近平总书记重要讲话、重要指示批示精神，树立并践行新发展理念，坚持以供给侧结构性改革为主线，着力转方式、优结构、转动力，经济发展的质量和效益在提升。从横向比较看，进入"十三五"时期以来，内蒙古的经济增长质量水平开始高于西部和东北地区的平均水平，但仍低于东部地区和中部地区的平均水平，尤其是显著低于东部地区平均水平。此外，与东部地区相比，差距还呈现出逐步扩大的趋势。例如，2017年内蒙古的经济增长质量指数在全国虽然排第18位，但是与排第一位的北京相比，仅为北京的1/3左右。这表明，从全国范围来看，内蒙古经济增长质量和效益不高的问题依然十分突出，这已经成为制约走好新路子的突出短板之一。

表3-7　2006~2017年各省区市经济增长质量指数测算结果

省区市	2006年	2007年	2008年	2009年	2010年	2011年	2012年	2013年	2014年	2015年	2016年	2017年
北京	0.592	0.627	0.586	0.597	0.619	0.638	0.687	0.726	0.744	0.783	0.778	0.821
天津	0.314	0.324	0.372	0.365	0.398	0.405	0.402	0.409	0.401	0.440	0.452	0.468
河北	0.197	0.201	0.157	0.174	0.200	0.195	0.198	0.191	0.181	0.214	0.234	0.251
山西	0.199	0.243	0.158	0.128	0.224	0.216	0.232	0.242	0.200	0.216	0.225	0.246
内蒙古	**0.318**	**0.320**	**0.297**	**0.314**	**0.267**	**0.265**	**0.240**	**0.221**	**0.226**	**0.243**	**0.264**	**0.277**
辽宁	0.298	0.308	0.291	0.298	0.311	0.296	0.275	0.290	0.258	0.239	0.246	0.258
吉林	0.264	0.282	0.283	0.254	0.253	0.258	0.246	0.204	0.186	0.207	0.212	0.222

续表

省区市	2006年	2007年	2008年	2009年	2010年	2011年	2012年	2013年	2014年	2015年	2016年	2017年
黑龙江	0.200	0.211	0.214	0.236	0.252	0.251	0.251	0.238	0.225	0.261	0.277	0.282
上海	0.373	0.443	0.412	0.404	0.449	0.467	0.522	0.574	0.604	0.659	0.712	0.752
江苏	0.293	0.307	0.294	0.317	0.345	0.346	0.367	0.386	0.395	0.416	0.421	0.442
浙江	0.287	0.321	0.271	0.281	0.329	0.318	0.357	0.389	0.402	0.437	0.448	0.453
安徽	0.236	0.244	0.227	0.241	0.336	0.254	0.261	0.254	0.249	0.268	0.301	0.325
福建	0.284	0.296	0.277	0.280	0.307	0.295	0.295	0.304	0.301	0.308	0.311	0.322
江西	0.184	0.199	0.202	0.217	0.230	0.221	0.216	0.217	0.228	0.242	0.250	0.259
山东	0.254	0.263	0.241	0.259	0.276	0.279	0.295	0.314	0.320	0.332	0.344	0.354
河南	0.204	0.226	0.182	0.163	0.203	0.217	0.196	0.209	0.223	0.236	0.238	0.312
湖北	0.276	0.305	0.285	0.293	0.316	0.305	0.275	0.287	0.300	0.306	0.324	0.328
湖南	0.224	0.281	0.260	0.277	0.255	0.265	0.261	0.269	0.276	0.285	0.293	
广东	0.318	0.327	0.272	0.266	0.314	0.310	0.329	0.362	0.368	0.391	0.395	0.401
广西	0.218	0.242	0.211	0.239	0.248	0.218	0.209	0.210	0.192	0.193	0.214	0.231
海南	0.202	0.248	0.180	0.221	0.305	0.254	0.225	0.266	0.259	0.265	0.278	0.286
重庆	0.258	0.297	0.271	0.285	0.318	0.312	0.301	0.326	0.318	0.341	0.345	0.355
四川	0.245	0.276	0.201	0.273	0.298	0.304	0.265	0.240	0.240	0.264	0.275	0.282
贵州	0.220	0.270	0.220	0.277	0.300	0.335	0.295	0.270	0.243	0.250	0.263	0.271
云南	0.199	0.215	0.192	0.219	0.222	0.258	0.254	0.254	0.203	0.234	0.245	0.251
陕西	0.266	0.297	0.316	0.298	0.309	0.302	0.293	0.283	0.274	0.276	0.275	0.285
甘肃	0.203	0.213	0.186	0.202	0.214	0.241	0.256	0.248	0.233	0.257	0.263	0.269
青海	0.219	0.219	0.216	0.186	0.252	0.209	0.201	0.199	0.185	0.193	0.199	0.196
宁夏	0.208	0.213	0.213	0.222	0.250	0.236	0.243	0.229	0.214	0.230	0.245	0.266
新疆	0.134	0.161	0.141	0.121	0.146	0.183	0.205	0.217	0.207	0.210	0.230	0.235
全国	0.256	0.279	0.254	0.264	0.292	0.288	0.289	0.294	0.288	0.306	0.318	0.333

资料来源：笔者绘制。

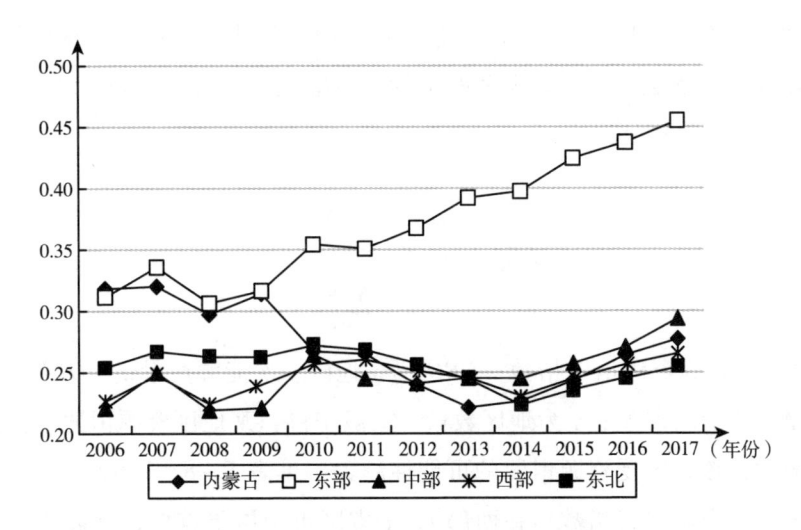

图3-6 经济增长质量指数变化趋势

资料来源：笔者绘制。

总体来看，影响内蒙古经济增长质量提升的一个重要原因是产业结构存在重大失衡问题，工业中典型表现为"四多四少"，即传统产业多、新兴产业少，低端产业多、高端产业少，资源型产业多、高附加值产业少，劳动密集型产业多、资本科技密集型产业少。2017年，内蒙古煤炭和煤电等能源行业增加值约占工业增加值的55%以上，比2015年提升了近10个百分点（朱晓俊和邢智仓，2019），多年来"一煤独大"的产业结构不但没有改善，依赖强度还有扩大的趋势。特别是，内蒙古轻重工业结构性问题更加突出，有重工业更"重"，轻工业更"轻"的产业结构变化趋势。例如，2017年内蒙古重工业增加值增速比2015年下降了2.6个百分点，而轻工业增加值增速下降了21个百分点，致使内蒙古煤炭、煤电、冶金、建材等能矿资源型重工业增加值仍占规模以上工业增加值超过了75%，对工业增长的贡献率超过了80%，而轻工业所占工业增加值比重不断下降，农畜产品加工业占工业增加值比重由2015年超过16%，下降到2017年不足11%（朱晓俊和邢智仓，2019）。

过度依赖资源型产业发展的产业结构导致内蒙古的经济发展容易产

生"资源诅咒"现象①。资源诅咒指数是测度某地区自然资源富集程度与经济增长速度之间偏离程度的指标。借鉴姚予龙等（2011）的方法，资源诅咒的测算公式为：

$$RC_i = \frac{NRO_i \Big/ \sum_{i=1}^{n} NRO_i}{SIO_i \Big/ \sum_{i=1}^{n} SIO_i} \quad (3-4)$$

式中，RC_i 为资源诅咒指数；NRO_i 为 i 地区一次能源产量；SIO_i 为 i 地区第二产业增加值；n 为地区数量。一般来讲，某地区资源诅咒指数数值越大，该地区受资源诅咒的可能性越大。见表3-8，2000~2017年内蒙古的资源诅咒指数值在西部12个省区市中居于首位，远高于其他地区，并且从时间趋势来看（如图3-7所示），内蒙古资源诅咒指数值呈现出持续上升的态势，2017年甚至高达11.9107，远高于西部其他地区。居高不下的资源诅咒指数揭示出内蒙古资源富集度与经济增长之间存在着较大偏离程度，经济发展遭受了较为严重的资源诅咒，资源禀赋优势并未形成其经济发展的有利条件，反而在一定程度上拖累甚至制约其经济进一步发展，这会从根本上影响探索走好新路子的实践进程。

（七）绿色发展综合水平

根据资源利用指数、环境治理指数、环境质量指数、生态保护指数、经济增长质量指数、绿色生活指数及绿色发展评价指标体系（见表3-1）

---

① "资源诅咒"假说：一国或地区的资源能源丰裕程度对经济增长产生了显著的负向影响，资源富集的国家或地区经济增长速度低于资源匮乏的国家或地区经济增长速度。根据该假说，资源富集会导致该地区资源型产业"一业独大"，对要素资源形成强大的"磁吸效应"，新兴产业，特别是制造业发展严重不足，创新能力长期得不到有效提升，导致经济可持续增长动力不足，同时资源环境承载力严重下降。例如，资源富集的多数非洲国家、盛产石油的印度尼西亚、委内瑞拉等国家与资源贫乏的日本、瑞士、新加坡、韩国等国家之间呈现出巨大的经济增长差距。

表 3-8　2000~2017年中国西部地区资源诅咒指数变化情况

地区	2000年	2001年	2002年	2003年	2004年	2005年	2006年	2007年	2008年	2009年	2010年	2011年	2012年	2013年	2014年	2015年	2016年	2017年
内蒙古	4.1525	4.1615	3.6605	3.7565	4.2940	4.7752	4.5913	4.6354	4.8884	5.3608	6.2000	6.7201	6.7901	6.6015	6.6861	6.4593	8.1250	11.9107
广西	0.3202	0.2527	0.1825	0.1250	0.1261	0.1548	0.1377	0.1217	0.0753	0.0682	0.0849	0.0766	0.0696	0.0707	0.0601	0.0416	0.0527	0.0591
重庆	0.4964	0.7353	0.3929	0.4109	0.4179	0.7742	0.8056	0.7757	0.6331	0.5702	0.5293	0.4350	0.3436	0.4115	0.3788	0.3803	0.3535	0.2327
四川	0.8771	1.2649	0.8250	0.7871	0.8280	1.1682	1.1258	1.1810	1.0358	0.8597	0.7931	0.7177	0.6520	0.4785	0.5457	0.5486	0.7153	0.6850
贵州	3.1519	3.6404	3.1674	4.1507	4.4813	4.3541	4.4626	4.0526	3.8954	4.2329	4.4488	3.9202	3.8789	3.4309	2.9334	2.6442	2.9738	2.6568
云南	0.3989	0.8888	0.3921	0.4057	0.4142	1.5082	1.5666	1.6008	1.6045	0.9892	1.5203	1.4525	1.3480	1.3127	0.5441	0.6116	0.6618	0.6140
陕西	1.6498	2.8444	2.6547	2.7068	2.5782	3.4345	3.5484	3.7792	3.7381	4.1487	4.2732	4.1869	4.2363	3.9999	4.3018	4.7577	5.7311	5.7191
甘肃	1.3502	1.3425	1.3625	1.4553	1.4230	1.4885	1.4704	1.3329	1.2795	1.1959	1.2158	1.1200	1.1078	1.0320	1.0332	1.1580	1.4152	1.2925
青海	1.7497	1.8541	1.7779	1.8142	1.7466	1.8228	1.7781	2.0715	2.0760	1.9628	2.3140	2.1357	2.2127	2.5432	1.7456	1.2610	1.5518	1.7641
宁夏	5.1446	3.8063	3.3850	3.1153	3.0646	3.0598	3.4345	3.4923	3.1883	3.7923	4.1305	4.2744	4.2866	4.2447	3.9276	3.7063	3.9060	4.0359
新疆	4.3616	4.1567	3.2816	2.9334	2.6328	3.0405	3.0879	3.5615	3.6332	4.0670	3.8152	3.6943	4.1907	4.2543	3.9923	4.6507	5.9957	5.5305

注：由于西藏地区数据缺失较多，未能涵盖。
资料来源：笔者绘制。

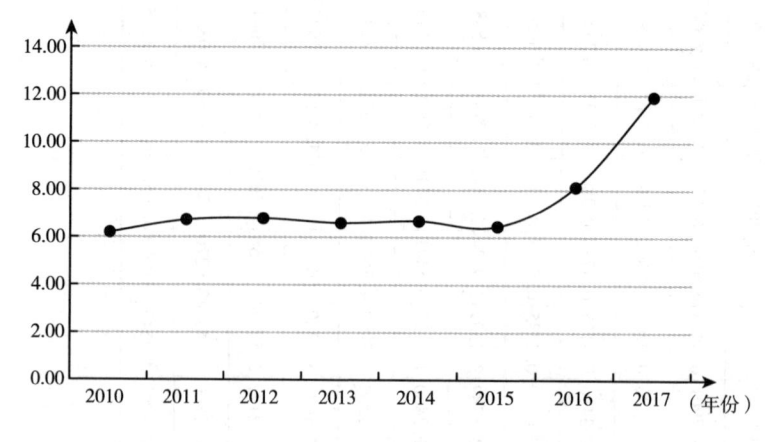

图 3-7　2010~2017 年内蒙古资源诅咒指数变化

资料来源：笔者绘制。

中的权重设定，我们利用加权平均法测算出了综合评价指数。2006~2017 年，我国 30 个省区市绿色发展综合指数测算结果见表 3-9，根据表 3-9 进一步绘制出省区市的绿色发展综合指数变化趋势，如图 3-8 所示。从自身比较看，2006~2017 年内蒙古绿色发展综合水平呈现小幅波动中上升的态势，综合指数已经由 2006 年的 0.458 上升至 2017 年的 0.552，上升幅度约为 20%，尤其是 2014 年以来开始呈现出平稳上升的态势。从横向比较看，虽然内蒙古的综合指数低于东部地区平均水平，但近年来已经高于中部、西部以及东北地区的平均水平。但是，从总体水平看，内蒙古仍处于全国中后列的位置，其中资源利用水平、经济增长质量以及绿色生活水平是需要切实解决的突出短板。

表 3-9　2006~2017 年各省区市绿色发展综合指数测算结果

省区市	2006年	2007年	2008年	2009年	2010年	2011年	2012年	2013年	2014年	2015年	2016年	2017年
北京	0.540	0.538	0.555	0.546	0.558	0.571	0.577	0.597	0.595	0.607	0.612	0.621
天津	0.505	0.507	0.521	0.500	0.487	0.505	0.526	0.499	0.491	0.491	0.496	0.503
河北	0.402	0.439	0.452	0.460	0.455	0.456	0.481	0.438	0.446	0.467	0.475	0.485
山西	0.375	0.408	0.415	0.418	0.430	0.443	0.480	0.457	0.458	0.467	0.475	0.482

续表

省区市	2006年	2007年	2008年	2009年	2010年	2011年	2012年	2013年	2014年	2015年	2016年	2017年
内蒙古	**0.458**	**0.481**	**0.491**	**0.506**	**0.478**	**0.485**	**0.518**	**0.525**	**0.518**	**0.533**	**0.542**	**0.552**
辽宁	0.402	0.427	0.438	0.445	0.457	0.458	0.478	0.493	0.471	0.470	0.482	0.482
吉林	0.453	0.499	0.496	0.499	0.496	0.498	0.542	0.544	0.532	0.552	0.562	0.571
黑龙江	0.468	0.476	0.487	0.493	0.507	0.513	0.536	0.550	0.535	0.555	0.556	0.572
上海	0.487	0.504	0.515	0.512	0.516	0.534	0.540	0.535	0.586	0.576	0.577	0.578
江苏	0.426	0.449	0.461	0.469	0.461	0.466	0.496	0.500	0.502	0.520	0.551	0.561
浙江	0.500	0.518	0.521	0.538	0.526	0.526	0.549	0.546	0.557	0.573	0.582	0.581
安徽	0.410	0.446	0.437	0.457	0.475	0.485	0.501	0.501	0.520	0.510	0.521	0.533
福建	0.505	0.529	0.524	0.529	0.528	0.538	0.576	0.578	0.563	0.583	0.576	0.595
江西	0.463	0.473	0.512	0.512	0.512	0.515	0.551	0.517	0.541	0.548	0.553	0.563
山东	0.425	0.460	0.462	0.467	0.468	0.469	0.490	0.507	0.474	0.483	0.492	0.501
河南	0.420	0.456	0.455	0.456	0.460	0.451	0.474	0.471	0.495	0.472	0.482	0.488
湖北	0.439	0.478	0.462	0.482	0.471	0.483	0.500	0.551	0.514	0.544	0.554	0.566
湖南	0.439	0.483	0.483	0.493	0.509	0.517	0.531	0.538	0.535	0.544	0.553	0.561
广东	0.475	0.454	0.469	0.474	0.504	0.531	0.530	0.540	0.513	0.522	0.532	0.541
广西	0.468	0.505	0.490	0.536	0.517	0.530	0.526	0.536	0.538	0.557	0.562	0.572
海南	0.523	0.520	0.550	0.549	0.532	0.539	0.565	0.581	0.561	0.563	0.571	0.577
重庆	0.471	0.503	0.517	0.525	0.550	0.551	0.576	0.582	0.560	0.575	0.582	0.592
四川	0.505	0.508	0.504	0.513	0.542	0.552	0.543	0.546	0.540	0.535	0.556	0.563
贵州	0.448	0.484	0.475	0.484	0.496	0.510	0.518	0.534	0.529	0.542	0.553	0.559
云南	0.450	0.473	0.485	0.514	0.521	0.522	0.545	0.571	0.552	0.574	0.587	0.588
陕西	0.423	0.456	0.461	0.498	0.482	0.484	0.498	0.489	0.491	0.498	0.501	0.521
甘肃	0.405	0.440	0.438	0.422	0.425	0.453	0.488	0.490	0.488	0.503	0.521	0.524
青海	0.441	0.460	0.475	0.492	0.445	0.457	0.511	0.478	0.512	0.503	0.508	0.518
宁夏	0.409	0.454	0.437	0.425	0.416	0.403	0.471	0.458	0.463	0.469	0.503	0.522
新疆	0.372	0.406	0.393	0.405	0.409	0.414	0.417	0.440	0.459	0.476	0.482	0.494
全国	**0.450**	**0.474**	**0.479**	**0.487**	**0.488**	**0.495**	**0.518**	**0.520**	**0.518**	**0.527**	**0.536**	**0.545**

资料来源：笔者绘制。

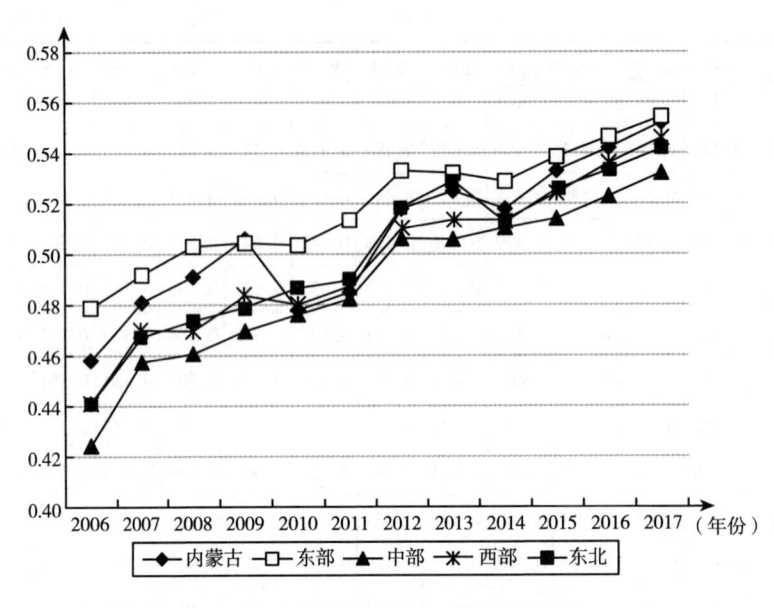

图 3-8 绿色发展综合指数变化趋势

资料来源：笔者绘制。

第四章　内蒙古清洁发展机制项目减排效应评价

清洁发展机制（clean development mechanism，CDM）作为一类重要的气候政策，在推动温室气体减排的同时有助于减少二氧化硫、氮氧化物、$PM_{2.5}$ 等空气污染物排放，具有协同减排效应。深入研究清洁发展机制项目协同减排效应，对于作为我国北方重要生态安全屏障的内蒙古在绿色发展进程中实现温室气体减排和空气污染物减排双重目标具有重要意义。

一、减排效应理论分析

（一）清洁发展机制项目概述

清洁发展机制是针对如何有效降低温室气体排放、解决全球气候变暖问题提出的一种可以跨国合作开发项目的机制。其主要指发达国家利用资金和技术方面的优势同发展中国家围绕降低温室气体排放量合作开发项目（陈林和万攀兵，2019）。该机制的实际运行需要依托具体的 CDM 项目，当项目排放的温室气体低于基准值时，相应的温室气体减排量经 CDM 执行委员会（简称 EB）核准后便成为能够在碳市场中交易的碳排放权（即核证减排量，CER_S）（Hultman et al.，2012），这些 CER_S

既可用于项目承担企业履行自身减排义务，也可在碳市场上交易获益。CDM 项目能够促成发达国家和发展中国家在控制温室气体排放方面实现双赢：一方面，发达国家在本国开发项目需要购买成本高昂的碳减排核证额，同发展中国家合作开发 CDM 项目能够有效降低成本，即能够以更低的成本完成既定的强制性减排目标。另一方面，发展中国家通过与发达国家合作开发项目能够在一定程度上以较低的成本获得减排方面的先进技术和设备，享受 CDM 项目带来的减排收益，助推发展中国家实现绿色发展（Ellis et al.，2007）。CDM 项目各参与方之间的关系如图 4-1 所示。

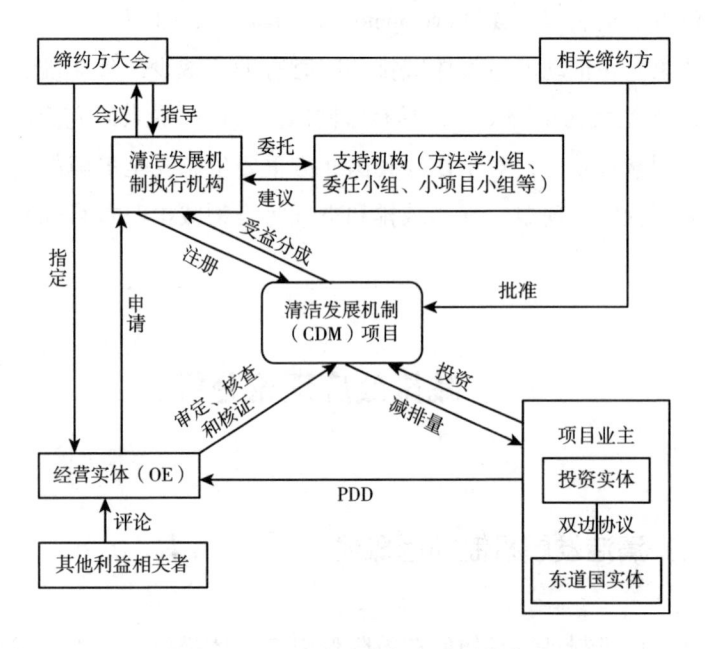

图 4-1　CDM 项目参与方之间的关系

资料来源：笔者绘制。

CDM 项目流程如图 4-2 所示，项目参与方在开发项目的过程中首先需要对项目进行识别，即判断项目是否满足各方面要求和各种条件。在项目被确定为 CDM 项目后便开始编制项目设计文件（PDD），该文件通常包括各项目的类型、项目所在地、项目参与方、所使用减排技术、初始投资额、估计年均二氧化碳减排量、项目运行成本等相关信息①。在编制完成 PDD 后便可以向国家发展改革委上报，获取国家批准；与指定经营实体（DOE）取得联系，对项目进行审定，然后可以开始寻找 CER_S 买家。当项目得到国家批准并通过 DOE 审定后，由 DOE 向联合国执行理事会提出申请注册，注册成功即进入实施阶段。CDM 项目实施过程包括项目实施和监测、DOE 核证/核查、CER_S 签发三个主要环节。

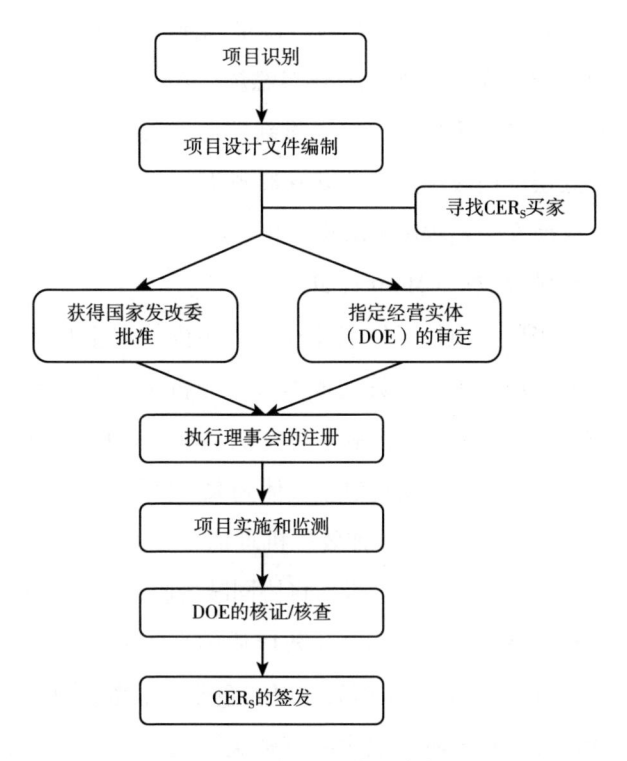

图 4 - 2 CDM 项目流程

资料来源：笔者绘制。

根据 UNFCCC 官网相关数据②，当前内蒙古 CDM 项目总数为 381

---

① 清洁发展机制项目 PDD 信息可从联合国气候变化框架公约（UNFCCC）官网获取，网址为 https：//cdm. unfccc. int/。

② UNFCCC 官网网址为 https：//cdm. unfccc. int/。

个，占全国总量的 7.5%，数量仅次于四川和云南，位居全国第 3 位①。项目类型涉及新能源和可再生能源项目、节能和能效提高项目、甲烷回收利用项目、煤层气回收项目、N_2O 分解消除项目 5 种类型，各类型项目比例结构依次为 92.65%、4.72%、1.31%、0.79% 和 0.52%。其中，新能源和可再生能源项目中风电项目、光伏发电项目、水电项目、生物质发电项目分别约占 67.25%、20.27%、3.42% 和 1.71%。

根据已有研究，二氧化碳、甲烷等温室气体与二氧化硫、氮氧化物、$PM_{2.5}$ 等空气污染物同源于传统化石燃料燃烧（Agee et al.，2012）。CDM 项目作为温室气体减排手段之一，通过新能源和可再生能源替代、节能和能效提高、煤层气回收利用等方式在减排温室气体的同时也减少了化石燃料消耗，从而在一定程度上减少因化石燃料燃烧产生的空气污染物，因而具有协同减排效应②（Mestl et al.，2005）。

鉴于内蒙古当前正面临温室气体和空气污染物双重减排的压力，将气候政策的协同效应考虑进政策的成本效益分析中，有利于内蒙古温室气体和主要空气污染物的协同控制。可以说，研究 CDM 项目减排效应的目的之一在于能够以低成本实现温室气体和大气污染物协同减排。因此，有必要在厘清 CDM 项目协同减排效应机理的基础上，进一步分析 CDM 项目的协同减排效应及其收益，进而将协同减排收益纳入 CDM 项目的边际减排成本分析，获得考虑协同减排效应后的真实减排成本（即从整个社会福利而言的减排成本），从而为政府和企业统筹考虑识别不同盟市不同类型项目的边际减排成本，决定减排资金流向、进一步优化减排资源配置提供参考，最终实现以尽可能低的成本推动内蒙古温室气体和空气污染物协同减排。

---

① 详细数据如图 4-4 所示。
② "协同减排效应"一词由政府间气候变化专业委员会（IPCC）于 2001 年发布的第三次评估报告中正式提出，指"减排对策通过对社会经济系统的作用而产生的除了减少温室气体排放以外的社会经济效益"。

(二) 协同减排效应机理分析

CDM 项目具有协同减排效应,表现在:一方面直接有利于温室气体(二氧化碳、甲烷、氧化亚氮、氢氟碳化物、全氟化碳、六氟化硫等)减排;另一方面通过提高能源利用效率、发展可再生能源(如清洁电力)减少传统化石能源燃烧等方式间接减少了空气污染物(如二氧化硫、氮氧化物、PM_{10}、$PM_{2.5}$ 等)的排放。

具体来看,现有研究表明,温室气体排放与空气污染物排放具有同源性(Agee et al.,2012)。从空气污染角度看,世界各国进行管控的主要空气污染物一般包括二氧化硫、氮氧化物以及颗粒物等,这些空气污染大多来自化石燃料的燃烧;从气候角度看,世界公认的温室气体主要包括二氧化碳(CO_2)、甲烷(CH_4)、氧化亚氮(N_2O)等,这些气体主要来自化石燃料的燃烧。由于二氧化硫、氮氧化物以及可吸入颗粒物等空气污染物和主要的温室气体大都来自传统化石能源燃烧所产生,所以它们的排放是紧密联系在一起的,换句话说,温室气体和空气污染物排放是"同根同源同步"的(王金南等,2010)。在这种情况下,采取一定的控制措施能够同时减少温室气体和空气污染物的排放(宋飞和付加锋,2012;薛婕等,2012)。因此,CDM 项目作为温室气体减排和解决气候变暖问题的手段之一,通过新能源和可再生能源替代、提高能效、煤层气回收利用等方式在减排温室气体的同时减少了大气污染物的排放(Mestl et al.,2005),从而实现协同减排效应。

CDM 项目协同减排效应的作用机制主要在于:一是通过发展新能源和可再生能源对传统化石能源进行替代;二是通过提高能效对传统化石能源进行节约(闫文琪等,2013)。具体来看,根据对 CDM 项目类型的分析,在全国全部批准的 5074 个 CDM 项目中,高达 83.4% 的 CDM 项目为新能源和可再生能源项目，这些项目中风电项目、水电项目、光伏发电项目分别占 39.7%、34.8% 和 4.3%。就内蒙古而言，全部注册的 381 个项目中，新能源和可再生能源项目的占比高达约 92.7%。这些项目主要是利用风能、太阳能、地热能、生物质能等清洁能源可再生能源进行发电，项目在投产运营后便能产生大量的清洁电能，能够在一定程度上对传统火力发电进行部分替代，从而有助于减少地区传统高污染化石能源消耗。除了新能源和可再生能源项目外，全国 CDM 项目中约有 6.7% 为节能和能效提高项目，这些项目的投产运营能够有效提高传统能源利用率，减少对传统能源的需求，进而减少传统能源消耗产生的空气污染物排放。因此，CDM 项目的实施可以在区域层面上起到对高污染、高排放的传统化石能源的替代（如新能源和可再生能源项目）作用和节约作用（如节能和提高能效项目、煤层气回收项目等），从而推动项目所在地的温室气体和空气污染物协同减排。综上所述，CDM 项目的实施会产生协同减排效应，减少温室气体排放和空气主要污染物排放，推动地区绿色发展。

（三）协同减排收益分析

研究 CDM 项目协同减排效应的目的之一在于能够以低成本实现温室气体和大气污染物协同减排，因此需要对协同减排效应的收益进行分析。本书对 CDM 项目协同减排收益的衡量主要就是核算 CDM 项目减少二氧化碳（CO_2）同时带来的二氧化硫（SO_2）、氮氧化物（NO_x）以及 $PM_{2.5}$ 三种空气污染物的协同减排，并估算出这些空气污染物的货币化损害成本（如对人体健康的损害和对社会经济的损害），从而间接得到协同减排收益。具体测算公式如下：

$$R_{i,t} = c_{i,SO_2} EM_{i,t} D_{i,t,SO_2} + c_{i,NO_x} EM_{i,t} D_{i,t,NO_x} + c_{i,PM_{2.5}} EM_{i,t} D_{i,PM_{2.5}}$$

(4-1)

其中，$R_{i,t}$ 为 CDM 项目 i 在 t 年的协同减排收益；c_{i,SO_2}、c_{i,NO_x}、$c_{i,PM_{2.5}}$ 分

别为 SO_2、NO_x、$PM_{2.5}$ 三种空气污染物的协同减排系数，该系数是指 CDM 项目中每单位二氧化碳减排量所产生的 SO_2、NO_x、$PM_{2.5}$ 的减排量（Sun et al.，2010）。需要说明的是，对于不同类型的 CDM 项目会有不同的协同减排系数。$EM_{i,t}$ 为 CDM 项目 i 在 t 年的二氧化碳减排量；$c_{i,SO_2}EM_{i,t}$、$c_{i,NO_x}EM_{i,t}$、$c_{i,PM_{2.5}}EM_{i,t}$ 分别为 CDM 项目 i 在 t 年的 SO_2、NO_x、$PM_{2.5}$ 三种空气污染物的协同减排量；D_{i,t,SO_2}、D_{i,t,NO_x}、$D_{i,PM_{2.5}}$ 分别为 SO_2、NO_x、$PM_{2.5}$ 三种空气污染物所产生的单位损害成本。根据式（4-1）便可以计算得到各类型 CDM 项目所产生的主要空气污染物协同减排收益。

（四）考虑协同减排效应的减排成本分析

CDM 项目的显性成本包括初始静态投资成本和年运行动态成本两部分①，以此为基础构建形成的是传统减排成本模型。根据前面的理论分析，CDM 项目在减少温室气体排放的同时会减少 SO_2、NO_x、$PM_{2.5}$ 等空气主要污染物的排放量，这些协同减排可以看作 CDM 项目在减少二氧化碳排放过程中的附加品或附加收益，能够在一定程度上抵消这些主要污染物防治所产生的治理成本。基于此，便可以得到考虑协同减排效应后的减排成本模型，即各类 CDM 项目真实的减排成本。具体地，总减排成本、协同减排效益、考虑协同减排后的减排成本关系如下：

$$AC_i = TC_i - R_i \qquad (4-2)$$

其中，AC_i 代表考虑协同减排效应的总减排成本；TC_i 代表未考虑协同减排效应的总减排成本；R_i 为协同减排收益。

在得到真实总减排成本的基础上，便可以估算考虑协同减排效应

---

① 初始静态投资成本主要是指 CDM 项目成立时的建造成本，年运行动态成本主要包括每年运行投入产生的设备维护成本、人员工资等。

的边际减排成本。具体地，参考杜等（Du et al., 2015）的研究，边际减排成本（MC）与二氧化碳减排量（Q）之间存在以下二次函数关系：

$$MC = aQ + bQ^2 \qquad (4-3)$$

对式（4-3）进行积分，得到总减排成本（TC）与二氧化碳减排量之间的关系为：

$$TC = c + \frac{a}{2}Q^2 + \frac{b}{3}Q^3 \qquad (4-4)$$

基于式（4-4）便可构建总减排成本与减排量之间的计量模型，考虑协同减排效应的总减排成本（AC_i）与未考虑协同减排效应的总减排成本（TC_i）计量模型如下：

$$AC_i = \alpha + \beta_1 Q_i^2 + \beta_2 Q_i^3 + \gamma z_j + \omega_j \qquad (4-5)$$

$$TC_i = \alpha' + \beta_1' Q_i^2 + \beta_2' Q_i^3 + \gamma' z_j' + \omega_j' \qquad (4-6)$$

其中，z_j、z_j'分别代表项目类型、开展年份等虚拟变量，ω_j、ω_j'为扰动项。参考傅京燕和代玉婷（2015）的做法，根据式（4-5）和式（4-6）得到两类总成本后，便可以通过求一阶导数得到考虑协同减排效应的边际减排成本（MAC_i）与未考虑协同减排效应的边际减排成本（MTC_i），分别为：

$$MAC_i = 2\beta_1 Q_i + 3\beta_2 Q_i^2 \qquad (4-7)$$

$$MTC_i = 2\beta_1' Q_i + 3\beta_2' Q_i^2 \qquad (4-8)$$

理论上，在相同减排量的情况下，考虑 CDM 项目产生的空气污染物协同减排效应后的实际减排成本会有所下降。这是因为空气污染物的排放会对农作物、人体健康等方面造成损害，通过协同减排效应减少这些损害相当于间接增加了社会福利，从而会对观测到的显性减排成本进行一定程度的冲抵，因此从整个社会福利的角度来看，考虑协同减排效应的减排成本会低于不考虑协同减排效应的减排成本，两者之间的差额即为协同减排收益（饶文斌，2018）。从政策制定角度来看，这种考虑协同减排效应后真实的减排成本减少可以看作温室气体治理政策成本的减少，将这部分额外附加收益纳入气候政策和环境政策制定过程统筹考虑有助于气候政策和环境政策协同推进，从而带来污染物总减排成本的下降。

与此同时，理论上，如果考虑协同减排效应后减排成本有所下降，那么考虑协同减排效应后的边际减排成本曲线的拐点值及其相对应的减排量会低于未考虑协同减排效应的边际减排成本曲线的拐点值和相应的减排量。具体地，根据图 4-3，考虑协同减排效应的项目边际减排成本曲线 MAC 在点（Q_1，C_1）处达到拐点位置，之后随着减排量的继续增加，考虑协同减排效应的边际减排成本开始下降，但此时未考虑协同减排效应的边际成本依然处于上升阶段，边际成本曲线（MTC 曲线）直到在点（Q_2，C_2）处才达到拐点位置，然后随着减排量增加开始出现下降。在 CDM 项目减排量规模从 Q_1 向 Q_2 扩张的过程中，考虑协同减排效应的实际边际减排成本已经开始下降，而项目企业观察到的显性边际减排成本却仍然在上升，一直达到拐点值 C_2。在这种情形下，图 4-3 中所示的阴影区域 I 即为项目减排量由 Q_1 增加至 Q_2 的过程中能够由项目产生的协同减排效应进行弥补的部分，本书将这部分定义为协同减排激励，这部分成本可以由政府在项目企业减排过程中通过奖励、补贴等激励形式对企业进行弥补。随着项目减排量由 Q_1 不断增加，考虑协同减排效应的边际减排成本不断下降，可以促进邻近拐点值的减排项目继续扩大减排规模，增加减排量。当减排量不断增长直至越过未考虑协同减排效应的显性边际减排成本曲线（MTC 曲线）的拐点减排量 Q_2 后，项目企业所观察到的显性边际减排成本开始出现下降，此时，企业便开始在规模经济作用驱动下具有内生动力继续推动减排规模扩大。

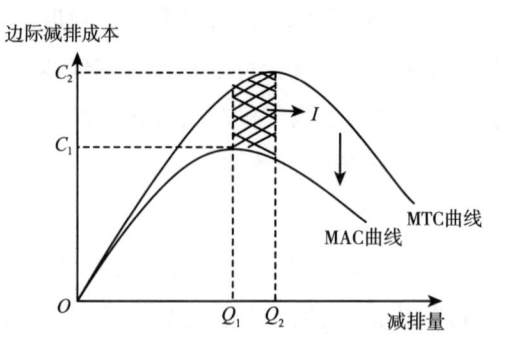

图 4-3 边际减排成本曲线

资料来源：笔者绘制。

二、减排效应实证研究

（一）内蒙古 CDM 项目二氧化碳减排效应评价

1. 全区整体情况

本章所用数据主要来源于联合国气候变化框架公约（UNFCCC）官网数据库[①]，该网站数据库中的数据来自 CDM 项目设计文件，项目设计文件中包含各项目的类型、项目所在地、初始投资、估计年均二氧化碳减排量、项目运行成本等相关信息。我们从网站上手工搜集整理涉及内蒙古 12 个盟市的 CDM 项目相关数据进行实证分析，全区整体 CDM 项目描述统计见表 4-1。

从全部 CDM 项目情况来看：一是项目数量方面。2005~2018 年[②]，内蒙古 CDM 项目总数为 381 个，数量在全国排名第 3，如图 4-4 所示。

[①] UNFCCC 官网网址为 https://cdm.unfccc.int/。
[②] 2005 年 6 月 26 日，我国第一个 CDM 项目——内蒙古辉腾锡勒风电场项目在清洁发展机制执行理事会注册成功，成为我国开发的第一例 CDM 项目。

根据表 4-1 可以看出，内蒙古 CDM 项目涉及的项目类别包括新能源和可再生能源项目（353 个）、节能和能效提高项目（18 个）、甲烷回收利用项目（5 个）、煤层气回收项目（3 个）、N_2O 分解消除项目（2 个），各项目类别具体说明见表 4-2。

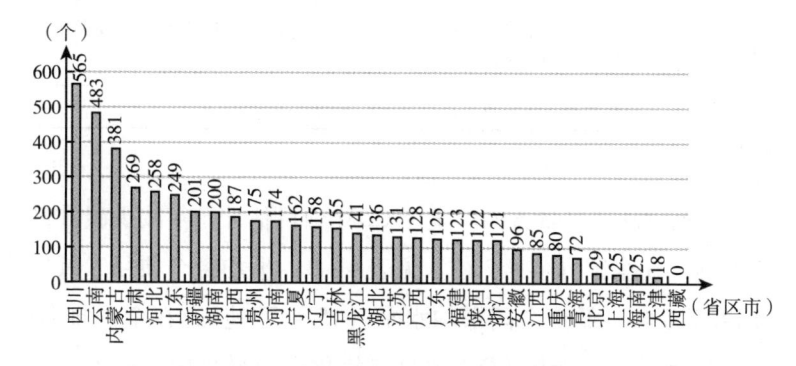

图 4-4　全国各地区 CDM 项目数

资料来源：根据联合国气候变化框架公约（UNFCCC）官网数据库数据绘制。

表 4-1　　　　　　　　　内蒙古 CDM 项目描述统计

类别	数量（个）	占比（%）	年减排量（万吨）	最大减排量（万吨）	最小减排量（万吨）	均值（万吨·个$^{-1}$）
新能源和可再生能源	353	92.65	4920.6	93.2	1.3	13.9
节能和能效提高	18	4.72	373.6	202.2	3.7	20.8
甲烷回收利用	5	1.31	46.5	21.2	1.1	9.3
煤层气回收	3	0.79	96.5	37.7	21.6	32.1
N_2O 分解消除	2	0.52	80.7	41.4	39.3	40.3
所有项目	381	100.00	5517.7	202.2	1.1	14.5

资料来源：根据联合国气候变化框架公约（UNFCCC）官网数据库数据绘制。

表 4-2　　　　　　　　　CDM 各项目类别说明

类别	说明
新能源和可再生能源	主要是利用风能、水能、太阳能、地热能、生物质能等清洁能源、可再生能源进行发电
节能和能效提高	主要包括工业能效提高（通过工艺流程和技术改进提高能源使用效率）、发电能效提高（利用工厂生产过程中产生余热、余压、残留蒸汽、高炉煤气发电，即内部发电类能效提高项目）以及供给侧能效提高（热电联产或者利用低碳技术建造燃煤发电厂）等

续表

类别	说明
甲烷回收利用	主要包括将已经产生的甲烷进行回收利用（如煤层气和垃圾填埋气回收利用）和采用其他技术、工艺替代传统技术、工艺从源头上避免或减少甲烷气体排放（如专业养殖粪便处理、农村沼气利用联产发电等）
煤层气回收	主要是收集本来会被排放到大气层中的煤层气用于发电，或者用作氢氧化铝焙烧炉系统的燃料等
N_2O 分解消除	主要分解化工行业生产过程中产生的 N_2O 气体

资料来源：笔者绘制。

二是二氧化碳减排量方面。全区 CDM 项目估计每年减少碳排量约为 5517.7 万吨，在全国排名第 3 位，见表 4-3；平均每个项目二氧化碳减排量为 14.5 万吨，低于全国平均水平（15.4 万吨），在全国排名第 15 位，如图 4-5 所示。全区 CDM 项目二氧化碳减排量中，最大二氧化碳减排量为 202.2 万吨，项目为包钢（集团）公司高炉煤气燃气蒸汽联合循环发电项目，其属于节能和能效提高项目；最小减排量项目为现代牧业（通辽）有限公司大型沼气发电资源综合利用工程项目，其属于甲烷回收利用项目，该项目年均二氧化碳减排量约为 1.1 万吨。

表 4-3　　　　　　我国各省区市 CDM 项目年减排量

省区市	减排总量（万吨）	平均减排量（万吨·个$^{-1}$）	省区市	减排总量（万吨）	平均减排量（万吨·个$^{-1}$）
四川	8884.7	15.7	吉林	1894.8	12.2
山西	5582.2	29.9	陕西	1587.4	13.0
内蒙古	5517.7	14.5	广西	1562.7	12.2
云南	4964.5	10.3	宁夏	1514.9	9.4
江苏	4449.2	34.0	福建	1499.1	12.2
浙江	4332.7	35.8	湖北	1467.1	10.8
山东	4319.1	17.3	安徽	1356.9	14.1
辽宁	3388.5	21.4	重庆	1272.1	15.9
甘肃	3178.4	11.8	北京	1056.9	36.4
河北	3142.7	12.2	上海	851.0	34.0
新疆	3120.5	15.5	江西	826.4	9.7

续表

省区市	减排总量（万吨）	平均减排量（万吨·个$^{-1}$）	省区市	减排总量（万吨）	平均减排量（万吨·个$^{-1}$）
河南	2574.3	14.8	青海	518.9	7.2
贵州	2573.5	14.7	天津	260.1	14.5
黑龙江	2364.0	16.8	海南	122.8	4.9
广东	2081.3	16.7	西藏	0	0
湖南	1941.2	9.7	全国	78205.3	15.4

资料来源：根据联合国气候变化框架公约（UNFCCC）官网数据库数据绘制。

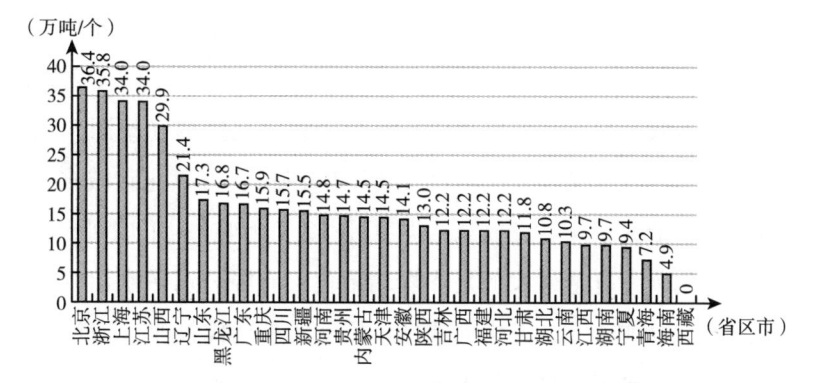

图 4-5　全国各省区市 CDM 项目平均减排量

资料来源：根据联合国气候变化框架公约（UNFCCC）官网数据库数据绘制。

从各 CDM 项目具体情况来看：项目结构方面，根据表 4-1，在五类 CDM 项目中，内蒙古新能源和可再生能源项目数量最多，占比高达 92.65%，远超其他类别项目占比。其中，风电项目约占 67.25%[①]，光伏发电项目约占 20.27%，水电项目约占 3.42%，生物质发电项目约占 1.71%，表明内蒙古新能源和可再生能源项目主要以风力发电和光伏发电项目为主。除新能源和可再生能源项目外，其余四类 CDM 项目数量较少，其中，节能和能效提高项目、甲烷回收利用、煤层气回收、N_2O 分解消除项目分别占比 4.72%、1.31%、0.79% 和 0.52%，这四类 CDM 项目合计占比仅有 7.35%。以上数据表明，从项目结构来看，内蒙古

---

① 2018 年内蒙古全年发电量约为 4828.3 亿千瓦时，是我国最大的风力发电地区。

CDM 项目以新能源和可再生能源项目为主，新能源和可再生能源项目中风电和光电项目占主体地位。

各项目二氧化碳减排效应方面，一是从各项目二氧化碳减排总量来看，内蒙古五类 CDM 项目年二氧化碳减排总量由高到低依次为新能源和可再生能源项目（4920.6 万吨）、节能和能效提高项目（373.6 万吨）、煤层气回收项目（96.3 万吨）、N_2O 分解消除项目（80.7 万吨）、甲烷回收利用项目（46.5 万吨）。二是从具体项目二氧化碳减排量来看，新能源和可再生能源项目中，二氧化碳减排量最大的是内蒙古巴彦淖尔乌兰伊力更 300MW 风电项目（93.2 万吨），二氧化碳减排量最小的是国电电力内蒙古新能源开发有限公司光伏并网发电规划类项目（1.3 万吨）；节能和提高能效项目中，二氧化碳减排量最大的是包钢（集团）公司高炉煤气燃气蒸汽联合循环发电项目（202.2 万吨），二氧化碳减排量最小的是内蒙古自治区节能灯发放规划类项目（3.7 万吨）；甲烷回收利用项目中，二氧化碳减排量最大的是赤峰瑞阳化工有限公司污水沼气回收利用项目（21.2 万吨），二氧化碳减排量最小的是现代牧业（通辽）有限公司大型沼气发电资源综合利用工程项目（1.1 万吨）；煤层气回收项目中，二氧化碳减排量最大的是乌达五虎山煤矿煤层气发电项目（37.7 万吨），二氧化碳减排量最小的是内蒙古阿刀亥煤矿瓦斯利用项目（21.6 万吨）；N_2O 分解消除项目中，二氧化碳减排量最大的是乌拉山第 2 硝酸生产线氧化亚氮减排项目（41.4 万吨），二氧化碳减排量最小的是乌拉山第 1 硝酸生产线氧化亚氮减排项目（39.3 万吨）。由此可见，内蒙古煤层气回收项目和 N_2O 分解消除项目各项目间二氧化碳减排量差异不大，与之相比，新能源和可再生能源项目、节能和提高能效项目、甲烷回收利用项目各项目间二氧化碳减排量差异较大。三是从各项目平均二氧化碳减排量来看，五类 CDM 项目平均二氧化碳减排量由高到低依次为 N_2O 分解消除项目（40.3 万吨/个）、煤层气回收项目（32.1 万吨/个）、节能和能效提高项目（20.8 万吨/个）、新能源和可再生能源项目（13.9 万吨/个）、甲烷回收利用项目（9.3 万吨/个）。CDM 项目平均二氧化碳减排量能够在一定程度上反映各项目二氧化碳减排能力的强弱。因此，平均而言，内蒙古五类 CDM 项目中，N_2O 分解消除项目二氧化碳减排能力最强，甲烷回收利用项目二氧化碳减排能力最弱，前者平均二氧化碳减排量约为后者的 4.3 倍。

综上所述，从项目数量来看，内蒙古 CDM 项目数较多，全国排名第 3。从项目结构来看，内蒙古 CDM 项目以新能源和可再生能源项目为主，新能源和可再生能源项目中风电和光电项目占主体地位。从二氧化碳减排效应来看，内蒙古 CDM 项目二氧化碳减排总量全国排名第 3，但各项目平均减排量偏低，低于全国平均水平；内蒙古 CDM 项目中各项目二氧化碳减排量差异较大，新能源和再生能源项目二氧化碳减排总量最大，N_2O 分解消除项目平均二氧化碳减排量最高，二氧化碳减排能力最强。

2. 各盟市具体情况

根据表 4-4，在项目地区分布方面，CDM 项目合计数量由多到少的盟市依次为乌兰察布市（62 个）、通辽市（60 个）、赤峰市（60 个）、锡林郭勒盟（42 个）、巴彦淖尔市（42 个）、包头市（26 个）、呼伦贝尔市（21 个）、兴安盟（20 个）、呼和浩特市（19 个）、鄂尔多斯市（16 个）、阿拉善盟（7 个）、乌海市（6 个）。由此可见，蒙东地区 CDM 项目多于蒙西地区，项目占比分别约为 53.3% 和 46.7%，其中，蒙东地区 CDM 项目主要集中在通辽、赤峰、锡林郭勒盟，三盟市项目数占蒙东地区项目总数比重高达 79.8%。从各项目地区分布情况来看，新能源和可再生能源项目分布情况与 CDM 项目总体分布情况类似，乌兰察布市新能源和可再生能源项目数最多，为 62 个。此外，新能源和可再生能源项目主要分布在蒙东地区，占比约为 55.8%，其中，赤峰、通辽、新林郭勒盟三盟市占绝大份额。节能和能效提高项目主要分布在蒙西地区，占比为 88.9%，其中，呼和浩特、包头、鄂尔多斯、乌海四市节能和能效提高项目较为集中，占绝大份额。甲烷回收利用项目数较少，主要分布在包头、通辽、赤峰、乌海四盟市。煤层气回收项目主要分布在煤炭资源丰富的呼伦贝尔、鄂尔多斯和乌海市。N_2O 分解消除项目目前只分布在巴彦淖尔市，分别为内蒙古乌拉山化肥有限责任公司与国外合作方益可环境集团 PLC 合作的乌拉山第 1 硝酸生产线氧化亚氮减排项目和乌拉山第 2 硝酸生产线氧化亚氮减排项目。

表 4-4　　　　　　　内蒙古 CDM 项目地区分布情况　　　　　单位：个

地区	新能源和可再生能源	节能和能效提高	甲烷回收利用	煤层气回收	N_2O 分解消除	合计
呼和浩特市	16	3	—	—	—	19
包头市	22	3	1	—	—	26
呼伦贝尔市	20	—	—	1	—	21
兴安盟	20	—	—	—	—	20
通辽市	57	1	2	—	—	60
赤峰市	58	1	1	—	—	60
锡林郭勒盟	42	—	—	—	—	42
乌兰察布市	62	—	—	—	—	62
鄂尔多斯市	11	4	—	1	—	16
巴彦淖尔市	39	1	—	—	2	42
乌海市	—	4	1	1	—	6
阿拉善盟	6	1	—	—	—	7
全区	353	18	5	3	2	381

注："—"表示该盟市没有该研究的项目。
资料来源：根据联合国气候变化框架公约（UNFCCC）官网数据库数据绘制。

二氧化碳减排量地区分布方面，如图 4-6 所示，内蒙古 CDM 项目二氧化碳减排量第一梯队为乌兰察布市、赤峰市和通辽市，三市二氧化碳减排量分别为 864.2 万吨、838.5 万吨和 833.9 万吨，三盟市合计二氧化碳减排量为 2536.7 万吨，占 12 盟市二氧化碳减排总量的近一半。第二梯队为巴彦淖尔市和锡林郭勒盟，二氧化碳减排量分别为 645.1 万吨和 585.5 万吨，两盟市合计二氧化碳减排量占比约为 22.3%。第三梯队为包头市、呼伦贝尔市、呼和浩特市、兴安盟和鄂尔多斯市，这些盟市合计二氧化碳减排量占比约为27.6%，平均每个盟市二氧化碳减排量约为304.3万吨。第四梯队为乌海市和阿拉善盟，二氧化碳减排量分别仅有124.4万吨和104.4万吨，两盟市合计二氧化碳减排量占比仅为4.1%左右。同时，根据以上数据可以看出，蒙东地区CDM项目二氧化碳减排量高于蒙西地区，赤峰市、通辽市、锡林郭勒盟、呼伦贝尔市、兴安盟五盟市CDM项目年二氧化碳减排量合计为2847.6万吨，比蒙西地区年二氧化碳减排量多177.4万吨，占全区CDM项目年二氧化碳减排总量的比重约为51.6%。

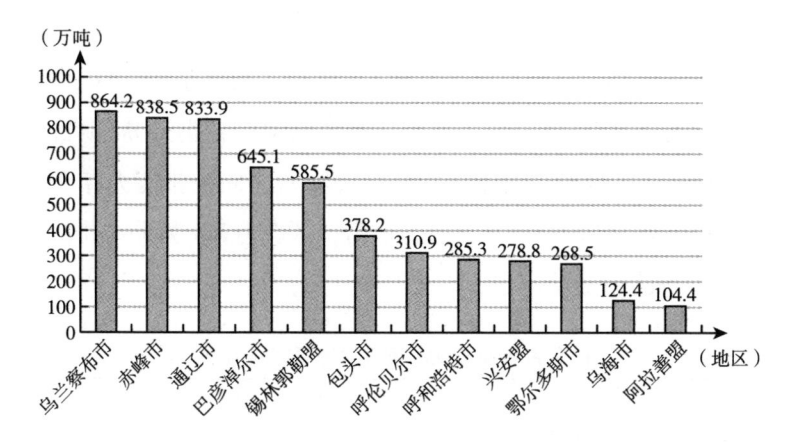

图4-6 内蒙古各盟市CDM项目二氧化碳减排量

资料来源：根据联合国气候变化框架公约（UNFCCC）官网数据库数据绘制。

（二）内蒙古CDM项目协同减排效应评价

1. CDM项目协同减排量测算

根据前面的理论分析，CDM项目除了具有二氧化碳减排效果外，还具有减少SO_2、NO_x、$PM_{2.5}$等空气主要污染物的减排效果。因此，除了评价内蒙古CDM项目的二氧化碳减排效应外，还应定量评估各项目对SO_2、NO_x、$PM_{2.5}$等空气主要污染物的减排量，即协同减排量。

在定量测算内蒙古CDM项目的协同减排量之前，根据式（4-1），

需得到 SO_2、NO_x、$PM_{2.5}$ 这三类空气污染物的协同减排系数，即 CDM 项目中每单位二氧化碳减排量所产生的 SO_2、NO_x、$PM_{2.5}$ 的减排量（Sun et al.，2010）。赖夫和奥南（Rive & Aunan，2010）使用 GAINS – Asia 模型计算得到我国各省区市 CDM 项目的空气污染物协同减排系数，该模型中包括各省区市空气污染物排放量、污染物减排控制措施、各省区市化石燃料使用情况等数据。本书利用赖夫和奥南（2010）基于 GAINS – Asia 模型计算的排放系数和 CDM 项目文件中的活动水平计算得到内蒙古五类 CDM 项目的 SO_2、NO_x、$PM_{2.5}$ 的协同减排系数，具体结果见表 4 – 5。根据表 4 – 5，从三类主要空气污染物的协同减排系数来看，内蒙古五类 CDM 项目的 SO_2 协同减排系数普遍大于 NO_x 协同减排系数，NO_x 协同减排系数又普遍大于 $PM_{2.5}$ 协同减排系数，表明内蒙古各类 CDM 项目在减少二氧化碳排放量的同时，对不同空气污染物的协同减排能力存在一定的差异，其中，对 SO_2 的协同减排能力最高，其次为 NO_x 协同减排能力，而 $PM_{2.5}$ 协同减排能力最低。

表 4 – 5　　　　　内蒙古各类 CDM 项目的协同减排系数

项目类型	各污染物减排系数		
	$t(SO_2)/kt(CO_2)$	$t(NO_x)/kt(CO_2)$	$t(PM_{2.5})/kt(CO_2)$
新能源和可再生能源	3.700	1.650	0.475
节能和能效提高	5.000	1.700	0.360
甲烷回收利用	2.000	0.510	0.140
煤层气回收	1.200	0.280	0.075
N_2O 分解消除	0.0016	0.0029	0.00018

资料来源：笔者计算。

从各项目的协同减排系数来看，在 SO_2 协同减排方面，节能和能效提高项目的协同减排系数最大，为 $5t(SO_2)/kt(CO_2)$，即该项目在减少 1 万吨二氧化碳排放量的同时能够减少 50 吨 SO_2 排放量。而新能源和可再生能源项目 SO_2 协同减排系数仅次于节能和能效提高项目。与之相比，甲烷回收利用项目、煤层气回收利用项目和 N_2O 分解消除项目的 SO_2 协同减排系数较小，协同减排能力较低，尤其是 N_2O 分解消除项目，每万吨二氧化碳排放量减少只能协同带动 0.016 吨 SO_2 减排量。在 NO_x 协同减排方面，节能和能效提高项目的协同减排系数依然最大，新能源和可再生能源项目紧随其后，这两类项目分别能在减少 1 万吨二氧化碳排放量的同时减少 17 万吨和 16.5 万吨 NO_x 排放量。与之相比，甲烷回收利用项目、煤层气回收利用项目和 N_2O 分解消除项目的 NO_x 协同减排系数较小，协同减排能力较低。在 $PM_{2.5}$ 协同减排方面，新能源和可再生能源项目的协同减排系数最大，其次为节能项目和能效提高项目，这两类项目在每减少 1 万吨二氧化碳排放量的同时能够协同减少 4.75 万吨和 3.6 万吨的 $PM_{2.5}$ 排放量。与之相比，甲烷回收利用项目、煤层气回收利用项目和 N_2O 分解消除项目的 $PM_{2.5}$ 协同减排系数偏小，尤其是 N_2O 分解消除项目，其协同减排系数最低，对 $PM_{2.5}$ 的协同减排能力几乎可以忽略不计。

综合来看，内蒙古 CDM 项目三类空气污染物的协同减排系数存在明显差异，表明各项目在减少二氧化碳排放量的同时对不同空气污染物的协同减排能力存在一定的差异。总体来看，各项目普遍对 SO_2 的协同减排能力最强，对 NO_x 的协同减排能力居中，对 $PM_{2.5}$ 的协同减排能力最弱。同时，对同一空气污染物不同类型项目的协同减排系数差异较大，协同减排能力也参差不齐。其中，新能源和可再生能源项目、节能和能效提高项目对三类空气污染物均表现出了较强的协同减排能力，甲烷回收利用项目和煤层气回收利用项目对三类空气污染物的协同减排能力大致处于中等水平，而 N_2O 分解消除项目对三类空气污染物的协同减排能力普遍偏弱。

根据式（4-1），依据内蒙古 12 个盟市五类 CDM 项目的二氧化碳减排量和各 CDM 项目的协同减排系数，计算得到内蒙古不同类型 CDM 项目三类主要污染物的协同减排量见表 4-6，以及 12 个盟市 CDM 项目三类主要污染物协同减排量见表 4-7。

表4-6　　　　　内蒙古各类CDM项目的协同减排量　　　　　单位：吨

项目类型	污染物减排量					
	SO_2		NO_x		$PM_{2.5}$	
	总量	平均	总量	平均	总量	平均
新能源和可再生能源	182062.2	515.8	81189.9	230.0	23372.9	66.2
节能和能效提高	18681.6	1037.9	6351.7	352.9	1345.1	74.7
甲烷回收利用	930.0	186.0	237.2	47.4	65.1	13.0
煤层气回收	1155.6	385.2	269.6	89.9	72.2	24.1
N_2O分解消除	1.3	0.6	2.3	1.2	0.1	0.1
合计	202830.7	532.4	88050.8	231.1	24855.4	65.2

资料来源：笔者计算。

表4-7　　　　　内蒙古各盟市CDM项目的协同减排量　　　　　单位：吨

地区	污染物					
	SO_2		NO_x		$PM_{2.5}$	
	总量	排名	总量	排名	总量	排名
呼和浩特市	11365.7	7	4738.6	7	1283.6	9
包头市	14646.2	6	6166.0	6	1693.9	6
呼伦贝尔市	10700.3	8	4689.9	8	1348.3	7
兴安盟	10315.1	9	4600.9	9	1324.2	8
通辽市	30808.0	3	13557.7	3	3874.9	3
赤峰市	31137.8	2	13740.3	2	3928.5	2
锡林郭勒盟	21661.8	4	9660.0	4	2780.9	4
乌兰察布市	31976.9	1	14260.0	1	4105.1	1
鄂尔多斯市	10210.0	10	4031.4	10	1051.3	10
巴彦淖尔市	21153.7	5	9325.2	5	2657.1	5
乌海市	4722.7	11	1548.8	12	336.0	12
阿拉善盟	4132.4	12	1732.9	11	472.0	11
全区	202830.7	—	88050.8	—	24855.4	—

资料来源：笔者计算。

根据表 4-6，总体来看，内蒙古所有 CDM 项目的年均 SO_2 协同减排总量为 202830.7 吨，平均每个项目的 SO_2 协同减排量为 532.4 吨；NO_x 的协同减排总量为 88050.8 吨，平均每个项目的 NO_x 协同减排量为 231.1 吨；$PM_{2.5}$ 的协同减排总量为 24855.4 吨，平均每个项目的 $PM_{2.5}$ 协同减排量为 65.2 吨。从中可以看出，平均而言，当前内蒙古 CDM 项目协同减排 SO_2 数量较大，协同减排能力较强，协同减排 NO_x 数量居中，协同减排 $PM_{2.5}$ 数量最小，协同减排能力较弱。

从各项目的协同减排情况来看，一是 SO_2 协同减排方面，内蒙古新能源和可再生能源项目的 SO_2 协同减排量总量最大，达到 182062.2 吨，占所有 CDM 项目协同减排总量的 89.8%。从单个项目的协同减排量来看，节能和能效提高项目的 SO_2 协同减排量最大，远高于其他四类 CDM 项目的协同减排量，平均每个项目能带来 1037.9 吨 SO_2 减排量。其次为新能源和可再生能源项目，平均每个项目能协同减排 SO_2 约 515.8 吨。与之相比，甲烷回收利用项目和 N_2O 分解消除项目的 SO_2 协同减排量偏低，其中单个 N_2O 分解消除项目仅能产生 0.6 吨 SO_2 协同减排量。二是 NO_x 协同减排方面，新能源和可再生能源项目的 NO_x 协同减排量总量在五类 CDM 项目中依然最大，达到 81189.9 吨，约占所有项目协同减排总量的 92.2%。从单个项目的协同减排量来看，节能和能效提高项目的 NO_x 协同减排量最大，平均每个项目能带来 352.9 吨 NO_x 减排量。其次为新能源和可再生能源项目，单个项目的 NO_x 协同减排量约为 230 吨。其余三类 CDM 项目的 NO_x 协同减排量则偏低。三是 $PM_{2.5}$ 协同减排方面，新能源和可再生能源项目的 NO_x 协同减排量总量在内蒙古 CDM 项目中依然最大，达到 23372.9 吨，占所有项目协同减排总量的 94%。从单个项目的协同减排量来看，节能和能效提高项目的 $PM_{2.5}$ 协同减排量在各类型 CDM 项目中依然最高，单个项目年均能降低 $PM_{2.5}$ 排放量约为 74.7 吨。新能源和可再生能源项目的 $PM_{2.5}$ 协同减排量也比较高，年均带来 66.2 吨的 $PM_{2.5}$ 减排量。与之相比，其余三类 CDM 项目产生的 $PM_{2.5}$ 协同减排量偏低，其中单个 N_2O 分解消除项目的 $PM_{2.5}$ 协同减排量最低，年均仅能产生 0.1 吨 $PM_{2.5}$ 协同减排量。

综合以上数据分析，内蒙古不同类型 CDM 项目产生的三类空气污染物协同减排量存在明显差异。整体来看，节能和能效提高项目、新能源和可再生能源项目的协同减排量较高。这是因为当前内蒙古能源消费结构中，以煤炭为主的传统化石能源依然占据主导地位，火力发电依然是内蒙古主要发电形式，火电发电量占比高达 80% 以上，火电仍占据绝对主导地位，而火力发电会燃烧消耗大量煤炭等化石能源，产生 SO_2、NO_x、$PM_{2.5}$ 等空气污染物。节能和能效提高项目能够通过工厂生产技术改进和工艺流程优化提高传统化石能源的使用效率，或者通过充分利用生产过程中产生的余压、余热、残留蒸汽等进行发电，减少煤炭等高污染化石能源消耗，从而显著降低以煤炭为主的传统化石能源燃烧产生的 SO_2、NO_x 排放。与之类似，新能源和可再生能源项目通过发展风力发电项目、水力发电项目、太阳能发电项目、生物质能发电项目等对火力发电进行部分替代，从而减少了火力发电中大量消耗煤炭等化石燃料所产生的 SO_2、NO_x、$PM_{2.5}$ 等空气污染物。因此，节能和能效提高项目、新能源和可再生能源项目的三类空气污染物协同减排系数较大，协同减排量较高。与这两类项目相比，单个 N_2O 分解消除项目的二氧化碳减排量虽在各类 CDM 项目中最高，二氧化碳减排能力最强，但该类项目对三类空气污染物的协同减排量最低，几乎没有产生明显的协同减排效应。这是因为 N_2O 本身属于《京都议定书》中明确规定减排的温室气体，对 N_2O 的分解消除能够直接产生显著的温室气体减排效应，减缓大气温室效应，但是 N_2O 的分解消除过程不发电或发电量很少，无法对传统高排放化石燃料燃烧发电进行替代，未能显著减少其他空气污染物。因此，N_2O 分解消除项目具有较为明显的温室气体减排效应，但并未产生显著的空气污染物协同减排效应。

见表 4-7，从各盟市 CDM 项目的协同减排情况来看，一是 SO_2 协同减排方面，乌兰察布市 CDM 项目的协同减排总量最高，年均协同减排 SO_2 量达到 31976.9 吨。此外，赤峰市和通辽市的 CDM 项目的 SO_2 协同减排总量也较高，均在 3 万吨以上，这三盟市处于 SO_2 协同减排的第一梯队，三盟市的 SO_2 协同减排量合计达 9.4 万吨，约占内蒙古 CDM 项目 SO_2 协同减排总量的 46.3%。处于 SO_2 协同减排第二梯队的盟市为锡林郭勒盟和巴彦淖尔市，这两个盟市的 CDM 项目 SO_2 协同减排总量均在 2 万吨以上。处于 SO_2 协同减排第三梯队的盟市为包头市、呼和浩特市、呼伦贝尔市、兴安盟、鄂尔多斯市，其年均 SO_2 协同减排总量均在 1 万吨以上，平均水平约为 1.1 万吨。处于 SO_2 协同减排第四梯队的盟市为乌海市和阿拉善盟，这两个盟市的 CDM 项目年均 SO_2 协同减排量均不足 0.5 万吨。从以上数据可以发现，蒙东地区 CDM 项目 SO_2 协同减排量高于蒙西地区，赤峰市、通辽市、锡林郭勒盟、呼伦贝尔市、兴安盟五盟市 CDM 项目年均 SO_2 协同减排量合计为 10.5 万吨，比蒙西地区 SO_2 协同减排量多 0.6 万吨。

二是 NO_x 协同减排方面，按照各盟市 CDM 项目的 NO_x 协同减排总量划分，处于第一梯队的盟市为乌兰察布市、赤峰市和通辽市，三盟市 CDM 项目的 NO_x 协同减排量均在 1.3 万吨以上，合计达到 4.2 万吨，占全区 CDM 项目 NO_x 协同减排总量的 47.2%。处于第二梯队的盟市为锡林郭勒盟和巴彦淖尔市，这两个盟市的 CDM 项目 NO_x 协同减排总量均接近 1 万吨。处于第三梯队的盟市为包头市、呼和浩特市、呼伦贝尔市、兴安盟、鄂尔多斯市，除包头市协同减排量为 0.6 万吨外，其余四盟市的协同减排量不足 0.5 万吨。处于第四梯队的盟市为乌海市和阿拉善盟，这两个盟市的 CDM 项目的 NO_x 协同减排量合计仅有 0.3 万吨，占全区 NO_x 协同减排总量的比重仅有 3.7%。从以上数据中同样可以发现，蒙东地区 CDM 项目 NO_x 协同减排量大致高于蒙西地区，蒙东五盟市 NO_x 年协同减排量合计约为 4.6 万吨，比蒙西地区 NO_x 协同减排量多 0.4 万吨。

三是 $PM_{2.5}$ 协同减排方面，与 SO_2、NO_x 协同减排量地区分别类似，乌兰察布市、赤峰市和通辽市处于 $PM_{2.5}$ 协同减排量的第一梯队，三盟市年均 $PM_{2.5}$ 协同减排量合计为 1.2 万吨，占比高达 47.9%。锡林郭勒盟和巴彦淖尔市处于第二梯队，年均 $PM_{2.5}$ 协同减排量接近 0.3 万吨。包头市、呼伦贝尔市、兴安盟、呼和浩特市、鄂尔多斯市处于第三梯队，年均 $PM_{2.5}$ 协同减排量均在 0.1 万吨以上，阿拉善盟和乌海市处于第四梯队，这两个盟市的 CDM 项目的 $PM_{2.5}$ 协同减排量合计仅有 808 吨，占全区 NO_x 协同减排总量的比重仅有 3.3% 左右。从以上数据中同样可以发现，蒙东地区 CDM 项目 $PM_{2.5}$ 协同减排量大致高于蒙西地区。

此外，从各盟市 CDM 项目的平均协同减排量来看，乌海市平均每个项目的 SO_2 和 NO_x 协同减排量在 12 个盟市中最高，分别为 787.1 吨和 258.1 吨；呼和浩特市平均每个项目的 $PM_{2.5}$ 协同减排量最高，年均为 67.6 吨。与之相比，巴彦淖尔市平均每个项目的 SO_2 和 NO_x 协同减排量在 12 个盟市中最低，分别为 503.7 吨和 222 吨；乌海市平均每个项目的 $PM_{2.5}$ 协同减排量最低，为 56 吨。以上数据表明，不同盟市的 CDM 项目在三类空气污染物协同减排量方面表现出较为明显的差异性。

2. CDM 项目协同减排收益评估

在测算得到内蒙古 12 个盟市各类型 CDM 项目协同减排量基础上可以测算得到各项目的协同减排收益，即货币化的协同减排效应。测算的基本思路是将 SO_2、NO_x、$PM_{2.5}$ 三类空气污染物排放所产生的损害成本作为实施 CDM 项目所产生的协同减排收益。根据现有文献，测算协同减排收益的方法一般有两种：一种是借鉴刘胜强等（2012）的方法，该研究测算了我国钢铁行业不同污染物减排成本，以此作为不同技术措施下多种污染物的协同减排收益。基于这一方法，可通过测算 SO_2、NO_x、$PM_{2.5}$ 三类空气污染物的减排成本对 CDM 项目的协同减排收益进行间接测算。另一种是借鉴张和王（Zhang & Wang, 2011）、穆拉塔等（Murata et al., 2016）的方法，计算 SO_2、NO_x、$PM_{2.5}$ 三类空气污染物给地区经济发展和人民健康造成的损害成本。张和王（2011）使用 HCA（人力资本法）和 CGE（可计算一般均衡法）对我国主要空气污染物造成的经济和健康损害进行了测算，研究结果表明，空气污染物排放产生的损害成本占 GDP 比重分别为 1.26‰和 0.38‰。

本书采用第二种测算方法，参考穆拉塔等（2016）的研究，得到我国 SO_2、NO_x、$PM_{2.5}$ 三类空气污染物单位排放量造成的经济和健康损害成本分别为 6642.3 元/吨、5845.2 元/吨和 199.3 元/吨。在此基础上，结合前面测算的内蒙古 12 个盟市各类型 CDM 项目产生的三种空气污染物的协同减排量，计算得到内蒙古各类 CDM 项目的协同减排收益，结果见表 4-8 以及如图 4-7~图 4-10 所示。

根据表 4-8 来看，内蒙古所有 CDM 项目的三类空气污染物协同减排收益总额大约为 18.7 亿元，其中，SO_2、NO_x、$PM_{2.5}$ 的年均减排收益额分别为 134726.2 万元、51467.7 万元和 495.3 万元；平均每个项目的 SO_2、NO_x、$PM_{2.5}$ 减排收益分别为 353.6 万元、135.1 万元和 1.3 万元。可以看出，内蒙古平均每个 CDM 项目产生的 SO_2 协同减排收益最高，NO_x 协同减排收益居中，$PM_{2.5}$ 协同减排收益最低。

表 4-8　　　　各类 CDM 项目的协同减排收益　　　　单位：万元

项目类型	污染物类型							
	SO_2		NO_x		$PM_{2.5}$		三种污染物合计	
	总额	平均	总额	平均	总额	平均	总额	平均
新能源和可再生能源	120931.2	342.6	47457.4	134.4	465.8	1.3	168854.3	478.3
节能和能效提高	12408.9	689.4	3712.7	206.3	26.8	1.5	16148.4	897.1
甲烷回收利用	617.7	123.5	138.6	27.7	1.3	0.3	757.7	151.5
煤层气回收	767.6	255.9	157.6	52.5	1.4	0.5	926.6	308.9
N_2O 分解消除	0.9	0.4	1.3	0.7	0	0	2.2	1.1
合计	134726.2	353.6	51467.7	135.1	495.3	1.3	186689.2	490.0

资料来源：笔者计算。

从各类型 CDM 项目的协同减排收益来看，内蒙古新能源和可再生能源项目的协同减排收益总额最高，带来的三种空气污染物协同减排收益合计达 16.9 亿元/年，占全部 CDM 项目协同减排收益总额的 90.4%。其中 SO_2、NO_x、$PM_{2.5}$ 三种污染物减排收益额分别为 12.1 亿元、4.7 亿元和 465.8 万元；与之相比，N_2O 分解消除项目带来的协同减排收益总额最低，年均仅有约 2.2 万元，其中，SO_2、NO_x 分别为 0.9 万元和 1.3 万元，而 $PM_{2.5}$ 的减排收益更是可以忽略不计。从单个项目的协同减排收益来看，节能和能效提高项目产生的三种空气污染物协同减排收益均最高，平均每个项目协同减排 SO_2、NO_x、$PM_{2.5}$ 所带来的收益分别为 689.4 万元、206.3 万元和 1.5 万元。其次为新能源和可再生能源项目和煤层气回收利用项目，这两个项目平均带来的三种污染物协同减排收益分别为 478.3 万元和 308.9 万元。与之相比，甲烷回收利用项目和 N_2O 分解消除项目产生的协同减排收益偏低，尤其是 N_2O 分解消除项目产生的协同减排收益几乎可以忽略不计。主要原因是甲烷回收利用项目和 N_2O 的分解消除项目主要是直接对温室气体进行分解，在此过程中不发电或者发电量很少，因此无法对传统高排放化石燃料燃烧发电进行替代，导致这两类项目的协同减排效益有限。

如图 4-7~图 4-10 所示，从各盟市 CDM 项目的协同减排收益来看，乌兰察布市、赤峰市和通辽市 CDM 项目的协同减排收益总额最高，均接近 3 亿元，其中，三盟市 SO_2 年减排收益均在 2 亿元以上，NO_x 年减排收益约为 8000 万元，$PM_{2.5}$ 年减排收益均在 80 万元左右，这三个盟市在协同减排收益方面处于区内第一梯队。其次为锡林郭勒盟和巴彦淖尔市，这两个盟市 CDM 项目的协同减排收益总额均在 2 亿元左右，其中，两盟市 SO_2 年减排收益均在 1.4 亿元以上，NO_x 年减排收益约为 5000 万元，$PM_{2.5}$ 年减排收益均在 50 万元以上，这两个盟市在协同减排收益方面处于区内第二梯队。包头市、呼和浩特市、呼伦贝尔市、兴安盟、鄂尔多斯市等盟市 CDM 的协同减排收益在 12 个盟市中处于中等水平，协同减排收益总额大约在 1 亿元。与上述盟市相比，乌海市、阿拉善盟 CDM 项目产生的协同减排收益明显偏低，三种污染物减排收益总额大约在 4000 万元的水平，其中，SO_2 年减排收益大约在3000万元，NO_x年减排收益约为1000万元，$PM_{2.5}$年减排收益则可以忽略不计。

此外，从各盟市CDM项目的平均协同减排收益来看，乌海市、鄂尔多斯市和呼和浩特市平均每个项目的协同减排收益在12个盟市中排名前三，这是因为这三个盟市的节能和能效提高项目数量较多，与其他类型项目相比，节能和能效提高项目产生的三类污染物协同减排量最大，协同减排收益也最高。

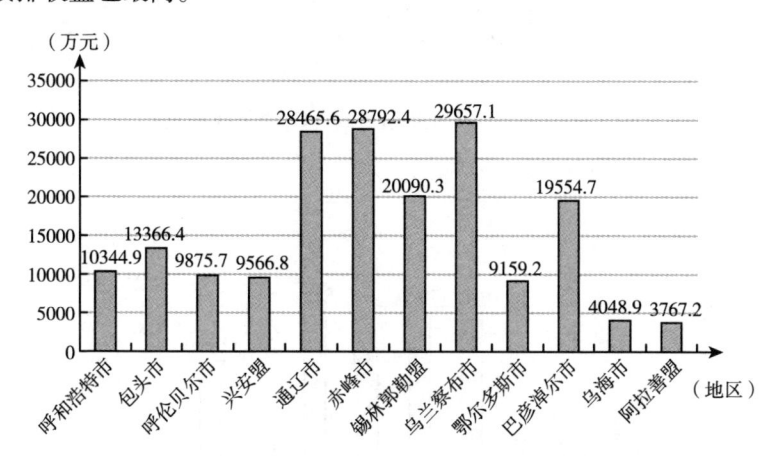

图4-7 各盟市CDM项目三种污染物协同减排收益

资料来源：笔者计算并绘制。

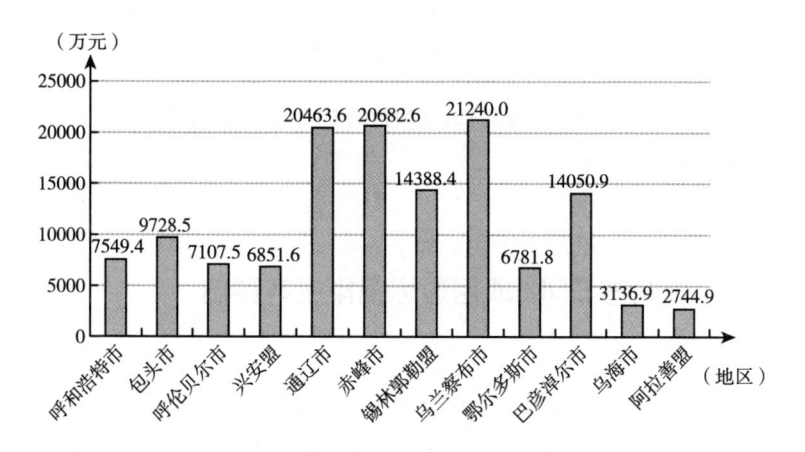

图4-8 各盟市CDM项目的SO_2协同减排收益

资料来源：笔者计算并绘制。

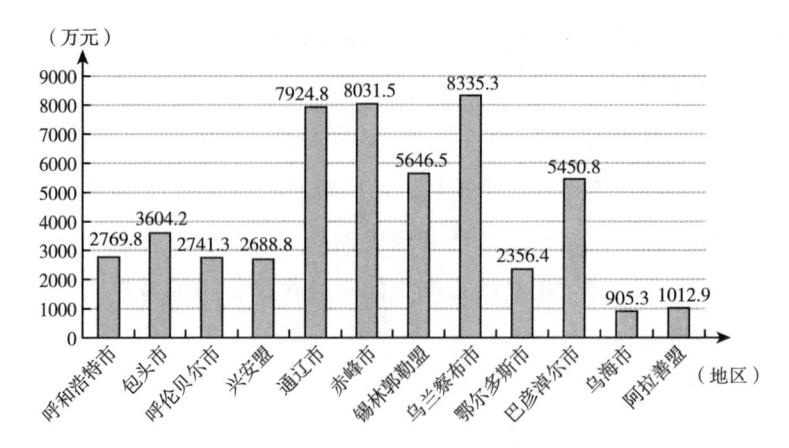

图 4-9　各盟市 CDM 项目的 NO_x 协同减排收益

资料来源：笔者计算并绘制。

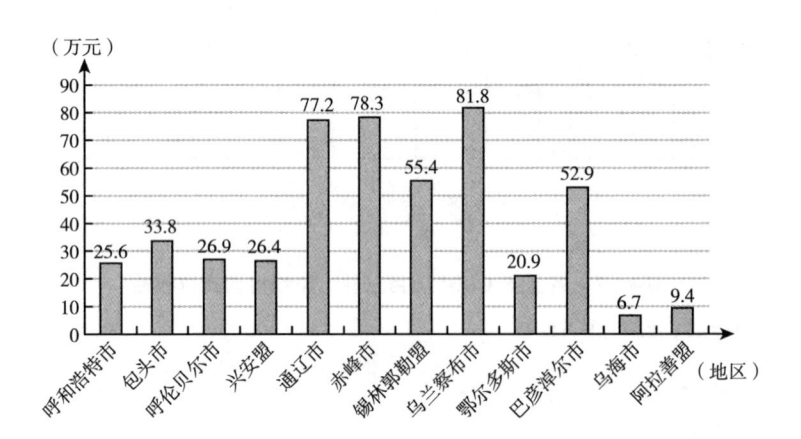

图 4-10　各盟市 CDM 项目的 $PM_{2.5}$ 协同减排收益

资料来源：笔者计算并绘制。

（三）内蒙古 CDM 项目边际减排成本评估

本书基于收集、整理到的内蒙古 12 个盟市的 CDM 项目数据，使用模型（4-5）和模型（4-6）分别对考虑协同减排效应的总减排成本模型和未考虑协同减排效应的总减排成本模型进行回归分析。回归方法方面，考虑异方差的问题，本书采用 FGLS 估计法进行回归。由于内蒙古甲烷回收利用项目、煤层气回收项目、N_2O 分解消除项目数量均较少，因此本书不对这三类 CDM 项目进行回归分析。内蒙古所有 CDM 项目以及新能源和可再生能源项目、节能和能效提高项目、蒙东地区项目、蒙西地区项目的回归结果见表4-9和表4-10。

根据表4-9和表4-10的回归结果可以看出，全样本、分项目类型样本以及分地区样本的结果均显示核心解释变量 Q^2 的回归系数均在不同程度上显著为正，Q^3 的回归系数在不同程度上显著为负，表明考虑协同减排效应的总减排成本和未考虑协同减排效应的总减排成本与二氧化碳减排量之间均存在较为明显的三次函数关系。进一步判断，考虑协同减排效应的边际减排成本和未考虑协同减排效应的边际减排成本与减排量之间存在明显的二次函数关系，即随着减排量的不断增加，边际减排成本呈现出先上升后下降的倒"U"型曲线关系，这一结果与杜等（2015）以及其他学者的研究相一致。

表4-9　　　　　分项目类型的减排成本模型回归结果

变量	全部项目		新能源和可再生能源		节能和能效提高	
	AC	TC	AC	TC	AC	TC
Q^2	1.4114*** (0.3145)	1.8142*** (0.3707)	2.6584*** (0.4103)	2.9021*** (0.4345)	1.0622** (0.5272)	1.2238** (0.6119)
Q^3	-0.0042** (0.0019)	-0.0053** (0.0024)	-0.0098** (0.0043)	-0.0104** (0.0045)	-0.0029* (0.0017)	-0.0033* (0.0018)
年份效应	Y	Y	Y	Y	Y	Y
地区效应	Y	Y	Y	Y	Y	Y
调整后的 R^2	0.614	0.671	0.758	0.813	0.462	0.557

注：***、**、*分别表示在1%、5%和10%的显著性水平上显著；括号内为对应估计参数的标准误；AC 代表考虑协同减排效应的总减排成本，TC 代表未考虑协同减排效应的总减排成本。

资料来源：笔者计算。

表 4-10　　　　　　　分地区的减排成本模型回归结果

变量	全部项目		蒙东地区		蒙西地区	
	AC	TC	AC	TC	AC	TC
Q^2	1.4114 ***	1.8142 ***	2.4083 ***	2.6635 ***	1.0654 ***	1.3961 ***
	(0.3145)	(0.3707)	(0.7038)	(0.7355)	(0.2402)	(0.3026)
Q^3	-0.0042 **	-0.0053 **	-0.0082 **	-0.0089 **	-0.0029 **	-0.0037 **
	(0.0019)	(0.0024)	(0.0039)	(0.0041)	(0.0017)	(0.0018)
年份效应	Y	Y	Y	Y	Y	Y
地区效应	Y	Y	Y	Y	Y	Y
调整后的 R^2	0.614	0.671	0.585	0.626	0.677	0.735

注：***、**、* 分别表示在 1%、5% 和 10% 的显著性水平上显著；括号内为对应估计参数的标准误；AC 代表考虑协同减排效应的总减排成本，TC 代表未考虑协同减排效应的总减排成本。

资料来源：笔者计算。

在回归得到考虑协同减排效应的总减排成本和未考虑协同减排效应的总减排成本与减排量之间的计量关系基础上，根据式（4-7）和式（4-8）便可以得到考虑协同减排效应的边际减排成本方程和未考虑协同减排效应的边际减排成本方程，结果见表 4-11。进一步地，根据边际减排成本方程，本书计算得到相应的减排量拐点和边际减排成本拐点。根据表 4-11 中基于全部项目样本的测算结果可以得出以下结论。

第一，边际减排成本与减排量之间呈倒"U"型曲线关系，中间存在拐点。考虑主要空气污染物的协同减排收益后，CDM 项目的减排量拐点会提前到来。以全样本结果为例，考虑协同减排效应的边际减排成本曲线拐点对应的减排量平均约为 112 万吨，而未考虑协同减排效应的边际减排成本曲线拐点对应的减排量大约为 114.1 万吨。这表明，CDM 项目产生的空气污染物协同减排效应能够使得各项目加速进入边际减排成本递减阶段。

第二，结合本书收集到的内蒙古 12 个盟市各类 CDM 项目数据（见表 3-1 内蒙古 CDM 项目的描述性统计），无论考虑协同减排效应与否，整体来看，内蒙古大部分 CDM 项目减排量尚未达到边际减排成本曲线拐点对应的减排量,这表明随着减排量的增加,大部分承担 CDM 项目的企业所面临的边际减排成本仍处于上升阶段。

第三,考虑协同减排效应的边际减排成本拐点约为 158.1 元/吨,与未考虑协同减排效应的边际减排成本拐点值相比下降约 23.6%,这表明不可忽视 CDM 项目产生的空气污染物协同减排效应,在综合考虑 CDM 项目产生的二氧化碳减排和空气污染物减排的情况下,温室气体实际减排成本将低于显性观测到的成本,因为其能通过减少空气污染物排放对农作物、人体健康等方面造成的损害间接增加社会福利,对显性成本进行部分抵消,因此从整个社会福利的角度来看,CDM 项目的边际减排成本有所下降。

表 4–11　　　　　内蒙古 CDM 项目边际减排成本方程

分类	边际减排成本方程	减排量拐点（万吨）	边际减排成本拐点（元·吨$^{-1}$）
全部项目	$MTC = 3.6284\ Q - 0.0159\ Q^2$	114.1	207.0
	$MAC = 2.8228Q - 0.0126Q^2$	112.0	158.1
新能源和可再生能源	$MTC = 5.8042\ Q - 0.0312\ Q^2$	93.0	269.9
	$MAC = 5.3168Q - 0.0294Q^2$	90.4	240.4
节能和能效提高	$MTC = 2.4476\ Q - 0.0099\ Q^2$	123.6	151.3
	$MAC = 2.1244Q - 0.0087Q^2$	122.1	129.7
蒙东地区	$MTC = 5.3270\ Q - 0.0267\ Q^2$	99.8	265.7
	$MAC = 4.8166Q - 0.0246Q^2$	97.9	235.8
蒙西地区	$MTC = 2.7922\ Q - 0.0111\ Q^2$	125.8	175.6
	$MAC = 2.1308Q - 0.0087Q^2$	122.5	130.5

注:MTC 和 MAC 分别表示考虑协同减排效应前和考虑协同减排效应后的边际减排成本。
资料来源:笔者计算。

CDM 项目的类型不同、所处地区不同等会造成减排方式、减排技术、初始静态投入以及年动态运行维护成本等方面存在一定差异,导致不同类型项目和不同地区的减排成本具有一定异质性,因此,本书分项目类别和分地区样本进行了测算(结果见表 4–11),基于分样本的测算结果可以得出以下结论。

第一，从不同项目类型来看，新能源和可再生能源项目、节能和能效提高项目的边际减排成本曲线均表现为先升后降的倒"U"型曲线特征。考虑协同减排效应后各类型项目的减排量拐点均提前到来，表明协同减排效应有助于推动各类型项目加速进入边际减排成本递减阶段。各类项目的边际减排成本曲线拐点值均出现下降，分别由原先的269.9元/吨和151.3元/吨下降为240.4元/吨和129.7元/吨。同时可以看出，新能源和可再生能源项目的边际减排成本平均高于节能和能效提高项目的边际减排成本，主要的原因是：一方面，新能源和可再生能源项目的建造和设备安装成本较高；另一方面，新能源和可再生能源项目的平均协同减排收益低于节能和能效提高项目的协同减排收益（见表4-8），考虑协同减排效应后，新能源和可再生能源项目与节能和能效提高项目的边际减排成本拐点值分别下降了10.9%和14.3%。也就是说，平均而言，节能和能效提高项目不仅显性成本较低，而且能产生更大的协同减排收益，进一步降低了边际减排成本。

第二，从不同地区来看，蒙东地区CDM项目平均的边际减排成本拐点要高于蒙西地区。主要的原因是节能和能效提高项目主要分布在蒙西地区，占比达88.9%，其中呼和浩特、包头、鄂尔多斯、乌海四盟市节能和能效提高项目较为集中，占绝大份额。由于节能和能效提高项目比新能源和可再生能源项目具有更大的协同减排效应，因此节能和能效提高项目分布集中的蒙西地区的边际减排成本平均低于蒙东地区（王微和邢智仓，2020）。

第三，根据图4-3和边际减排成本方程，本书进一步计算了不同类型项目的协同减排激励大小，即考虑协同减排效应的边际减排成本曲线（MAC曲线）拐点减排量Q_1在向未考虑协同减排效应的边际减排成本曲线（MTC曲线）拐点减排量Q_2扩张的过程中企业所承担的成本，在这一阶段，考虑协同减排效应的真实边际减排成本已越过拐点开始下降，而企业所观测到的显性成本却在上升，这部分成本可以由政府通过适当的奖励或补贴的形式给予弥补，以激励企业进一步扩大减排规模，直到越过边际减排成本曲线拐点进入自行增加减排规模的阶段。通过计算可得内蒙古新能源和可再生能源项目、节能和能效提高项目平均的协同减排激励分别为431.7万元和226.9万元。整体来看，内蒙古新能源和可再生能源项目所需的协同减排激励大于节能和能效提高项目所需的协同减排激励。换句话说，在政府财力有限的情况下，可以考虑优先奖励或补贴节能和能效提高项目企业，这样可以实现通过较少的资金投入便能推动企业扩大减排规模，从而越过边际减排成本曲线拐点进入减排规模经济阶段。

第五章　内蒙古生态优先、绿色发展为导向高质量发展动力评价

走生态优先、绿色发展为导向高质量发展路子的本质要求是人与自然和谐共生，在推动经济发展质量变革、效率变革、动力变革中提高绿色全要素生产率。本章通过测算内蒙古绿色全要素生产率对内蒙古走生态优先、绿色发展为导向高质量发展的动力进行综合评价，从而为后续提出内蒙古走生态优先、绿色发展为导向高质量发展路子的综合思路和对策建议，提供科学依据。

一、绿色全要素生产率的理论分析框架

（一）绿色全要素生产率的理论渊源

要明确绿色全要素生产率这一概念内涵，就必须对全要素生产率的内涵及特征有一个清楚的认识，以为全方位多角度理解绿色全要素生产率提供基础支撑和奠定理论延展的依据。

1. 全要素生产率的内涵及特征

美国经济学家索洛（Solow）在1957年提出了内生经济增长模

型，根据是否由要素投入增加而引起，将推动社会经济增长的因素分为了两部分：一部分是要素投入增长，即资本和劳动力要素投入的增加；另一部分则是扣除了资本和劳动力要素投入增加之后，引起产出增长的其他要素。这种剔除资本和劳动力要素投入后的其他要素投入引起的产出增长率一般被称为全要素生产率，本书根据相关研究，将全要素生产率定义为经济生产过程中，除资本和劳动力要素之外的其他要素的生产率，是指由于科学技术的进步与创新、技术效率的提升等无形生产要素投入的增加而引起的生产效率提高。全要素生产率是对社会经济增长质量的综合反映，而不是对经济增长数字上的简单评价，是对社会经济发展水平、经营管理效率的综合考量，社会经济的高质量、可持续发展最终都要以提高全要素生产率为前提和基础。

2. 从全要素生产率到绿色全要素生产率

经济长期快速增长的背后往往伴随着对资源和环境的消耗，这种消耗长期积累会导致资源稀缺、环境污染等问题愈加严重，进而阻碍经济和社会的可持续发展。因此，不考虑资源和环境因素的经济增长评价是比较片面的，难以真正反映经济发展水平和质量。传统的对全要素生产率的研究忽略了自然资源在经济增长中的作用，忽略了经济增长伴随的资源与环境消耗问题，而随着全世界范围内资源与环境问题的日趋严峻，许多经济学家开始认识到资源与环境在衡量经济增长水平中的重要性，自此，相关学者开始将资源与环境因素的影响纳入全要素生产率的研究之中，考虑自然资源因素，在研究全要素生产率时引入自然资源生产率，同时考虑环境因素的影响，在对全要素生产率的研究中也加入环境有关的影响因子，两者的引入丰富了全要素生产率的绿色内涵，最终在全要素生产率的基础之上，衍生出绿色全要素生产率这一概念体系，从经济高质量、可持续发展的角度，对经济发展水平进行评价。

3. 绿色全要素生产率的内涵

经济的长期增长依赖于生产率的提升，伴随着经济增长理论的发展和完善，对生产率的研究也经历了单要素生产率阶段、全要素生产率阶段以及绿色全要素生产率阶段这三个阶段，绿色全要素生产率的概念也由此衍生。对绿色全要素生产率的关注源于人们对节约资源和保护环境的重要性的认识逐渐加强，开始意识到以牺牲环境、浪费资源为代价的经济发展方式是不可取的，需要将资源消耗程度、环境污染程度同时纳入衡量经济增长质量的指标体系。绿色全要素生产率是将资源与环境因素引入传统全要素生产率研究模型中，对经济增长质量和水平进行综合评价。经济增长的一部分是由资本和劳动力要素投入增长引起的，扣除这一部分的增长被定义为全要素生产率，在此基础上，本书将绿色全要素生产率定义为：在全要素增长率的基础上，将自然资源消耗和环境压力变量引入传统生产率核算框架体系之中，测算所得的全要素生产率即为绿色全要素生产率。

（二）绿色全要素生产率的测度方法——基于 SBM 模型的 GML 指数

1. 绿色生产技术集设定

为了将绿色发展理念纳入全要素生产率分析框架之中，本书首先构造一个既包含期望产出（地区经济增长），又包含非期望产出（废水、二氧化硫、烟粉尘、碳排放等主要污染物排放）的生产技术集。假设研究的对象（即内蒙古 12 个盟市中每一个盟市）投入 M 种生产要素（如劳动力、资本、能源等）$x = (x_1, x_2, \cdots, x_m) \in R_+^M$，得到 N 种期望产出 $y = (y_1, y_2, \cdots, y_m) \in R_+^N$ 和 I 种非期望产出 $b = (b_1, b_2, \cdots, b_i) \in R_+^I$，那么，当期的绿色生产技术集可表示为：

$$P^t(x^t) = \begin{cases} (y^t, b^t) \mid \sum_{q=1}^{Q} \lambda_q^t y_{qn}^t \geq y_n^t, n = 1, \cdots, N \\ \sum_{q=1}^{Q} \lambda_q^t x_{qm}^t \leq x_m^t, m = 1, \cdots, M \\ \sum_{q=1}^{Q} \lambda_q^t b_{qi}^t = b_i^t, i = 1, \cdots, I \\ \sum_{q=1}^{Q} \lambda_q^t = 1, \lambda_q^t \geq 0, q = 1, \cdots, Q \end{cases} \quad (5-1)$$

其中，λ_q^t 为 t 年第 q 个盟市的投入产出的权重。由于当期的绿色生产技术集 $P^t(x^t)$ 包含的仅是 t 年份生产技术水平下的各盟市投入产出数据，并未考虑技术的跨期对比，容易出现生产前沿面向内偏移的可能性，从而容易导致技术水平出现"被迫倒退"的情况。此外，在测算绿色全要素生产率时还会出现线性规划无解的情形。基于此，借鉴奥（Oh，2010）的方法对当期绿色生产技术集进行修正，从而得到全局绿色生产技术集，为：

$$P^G(x) = \begin{cases} (y^t, b^t) \mid \sum_{t=1}^{T} \sum_{q=1}^{Q} \lambda_q^t y_{qn}^t \geq y_n^t, n = 1, \cdots, N \\ \sum_{t=1}^{T} \sum_{q=1}^{Q} \lambda_q^t x_{qm}^t \leq x_m^t, m = 1, \cdots, M \\ \sum_{t=1}^{T} \sum_{q=1}^{Q} \lambda_q^t b_{qi}^t = b_i^t, i = 1, \cdots, I \\ \sum_{q=1}^{Q} \lambda_q^t = 1, \lambda_q^t \geq 0, q = 1, \cdots, Q \end{cases} \quad (5-2)$$

其中，$P^G(x) = P^1(x^1) \cup \cdots \cup P^t(x^t)$，即 $P^G(x)$[①]包含了 t 年份与其之前所有年份的生产技术水平，从而为整个样本考察期间内蒙古 12 个盟市构建了统一的技术前沿，使得不同时期的绿色生产率具有一定可比性。

[①] 参考奥（2010）的做法，假定该集合满足闭集、有界集和凸性特征，满足期望产出强可处置性、非期望产出弱可处置性以及期望产出与非期望产出零结合性等公理。

2. 全局方向性 SBM 模型构建

传统方向性距离函数（DDF）往往忽略无效率地区非零松弛项的改进问题，为了克服这一局限，使得绿色全要素生产率测算结果更加科学准确，本书借鉴福山和韦伯（Fukuyama & Weber，2009）的思想，构建全局方向性 SBM 模型，即：

$$S_v^G(x,y,b;g) = \max_{s^x,s^y,s^b} \frac{\frac{1}{M}\sum_{m=1}^{M}\frac{S_m^x}{g_m^x} + \frac{1}{N+I}\left(\sum_{m=1}^{M}\frac{S_n^y}{g_n^y} + \sum_{i=1}^{I}\frac{S_i^b}{g_i^b}\right)}{2}$$

$$\text{s.t.} \sum_{t=1}^{T}\sum_{q=1}^{Q}\lambda_q^t x_{qm}^t + S_m^x = x_m^t, m=1,\cdots,M$$

$$\sum_{t=1}^{T}\sum_{q=1}^{Q}\lambda_q^t y_{qn}^t - S_n^y = y_n^t, n=1,\cdots,N \quad (5-3)$$

$$\sum_{t=1}^{T}\sum_{q=1}^{Q}\lambda_q^t b_{qi}^t + S_i^b = b_i^t, i=1,\cdots,I$$

$$\sum_{q=1}^{Q}\lambda_q^t = 1, \lambda_q^t \geq 0, q=1,\cdots,Q$$

$$S_m^x \geq 0, S_n^y \geq 0, S_i^b \geq 0$$

其中，$g=(g_m^x, g_n^y, g_i^b)$ 为方向向量，本书将其设定为 $g=(-x, y, -b)$，表明绿色发展要求在促进地区经济产出最大化的同时尽可能地减少各类要素资源投入并最大程度降低各类环境污染物排放，最大程度收获经济效益和环境效益。S_m^x、S_n^y、S_i^b 分别为生产要素投入、期望产出和非期望产出的松弛向量，分别表明劳动、资本、能源等生产要素投入冗余、经济产出不足和环境污染物产出过多。

（三）GML 生产率指数及其分解

由于传统 Malmquist-Luenberger 生产率指数测算出的全要素生产率不具备循环累乘性并可能存在的线性规划无解问题，因此，本书借鉴奥

(2010) 的方法，基于全局方向性 SBM 模型，采用 Global Malmquist-Luenberger（GML）生产率指数对内蒙古绿色全要素生产率指数进行测算，具体如下：

$$GML_t^{t+1} = \frac{1 + \vec{S}_v^G(x^t, y^t, b^t; g^t)}{1 + \vec{S}_v^G(x^{t+1}, y^{t+1}, b^{t+1}; g^{t+1})} \tag{5-4}$$

GML 生产率指数能够进一步分解为绿色技术效率指数（GEC）和绿色技术进步指数（GTC），具体如下：

$$GML_t^{t+1} = \frac{1 + \vec{S}_v^t(x^t, y^t, b^t; g^t)}{1 + \vec{S}_v^{t+1}(x^{t+1}, y^{t+1}, b^{t+1}; g^{t+1})}$$

$$\times \frac{(1 + \vec{S}_v^G(x^t, y^t, b^t; g^t))/(1 + \vec{S}_v^t(x^t, y^t, b^t; g^t))}{(1 + \vec{S}_v^G(x^{t+1}, y^{t+1}, b^{t+1}; g^{t+1}))/(1 + \vec{S}_v^{t+1}(x^{t+1}, y^{t+1}, b^{t+1}; g^{t+1}))}$$

$$= GEC_t^{t+1} \times GTC_t^{t+1} \tag{5-5}$$

其中，$GML_t^{t+1} > 1$、$GEC_t^{t+1} > 1$ 及 $GTC_t^{t+1} > 1$ 分别表示绿色全要素生产率增长、绿色技术效率改善以及绿色技术进步；反之则相反。关于绿色全要素生产率指数的分解需要说明的是，绿色技术效率改善体现为一种"追赶效应"，可分为规模效率改进和纯技术效率改进两部分。前者主要反映生产主体是否处于最优的生产规模，反映生产规模扩大是否可以带来技术效率的改进；后者则是指规模收益不变条件下的经济生产主体的技术效率，在实际生产中表现为制度更新、经营、管理方式改进、有效经验积累带来的生产效率的提高。绿色技术进步可以理解为生产工具、生产工艺、中间投入等的改进和创新，一般通过技术研发和应用来实现。技术进步是绿色全要素生产率的重要组成部分，是经济持续增长的关键。

（四）绿色全要素生产率的内在要求

1. 基本前提：转变经济增长方式

资源的过度消耗及环境压力的增加会使绿色全要素生产率显著降低，

想要提升绿色全要素生产率，基本前提就是要转变经济增长方式，摒弃以往依靠"高能耗高污染高排放"换取经济增长的传统方式，继续加强对环境保护和生态文明的重视程度，推进经济增长方式由粗放型向集约型转变。具体要求表现为：首先，要提高经济增长质量，而非一味地追求经济规模的扩大，实现增长观念向"以人为本"的方向转变，改变以往将GDP作为政府绩效的唯一指标的考核方式，将资源以及环境因素加入经济核算体系中，对绿色GDP进行测度，并使其成为衡量政府绩效的重要指标，进而提高经济发展质量，减轻资源与环境压力。其次，要注重推动循环经济的发展，通过发展循环经济，可以逐步提高能源的使用效率以及转换效率，进而减少能源的消耗；同时，要积极推进新能源的发展，减轻环境污染物排放的压力，以及经济增长背后的环境压力，提高绿色全要素生产率。最后，转变经济增长方式要求积极促进传统产业的转型升级，积极去除落后和过剩产能，促进绿色新兴产业蓬勃发展。传统高能耗高污染产业的转型升级，对新兴产业的积极支持，不仅有利于降低能耗、减少污染，也有利于提高市场经济的内在活力，提高绿色全要素生产率。

2. 逻辑主线：提升经济回报率

当前，经济发展尤其是实体经济存在经济回报率较低的问题，想要提高绿色全要素生产率，需要以提升经济回报率为逻辑主线。经济回报率的提高，最重要的是依靠技术创新来实现。因此，提升经济回报率首先要求提高创新意识和能力，需要提倡绿色创新精神，提高企业环保意识和创新意识，充分激发企业环保创新的积极性，推动形成全社会范围内的良好氛围，同时需要充足的科技创新人员作为支撑，提高创新能力，促进科技成果的转化。其次，通过技术创新提升经济回报率要求政府和市场相互协调，采取各自的方式共同改善当前科技创新活动机制，政府要适当增加科技研发方面的财政支出，增加科研经费投入，推动企业自主创新，尤其要对涉及环保领域的清洁能源企业、高新技术产业采取重点扶持的政策。最后，通过技术创新提高经济回报率，需要以更为完善的知识产权保护制度和奖励政策作为支撑，才能不断激发企业自主创新的活力和积极性，增强企业自主创新的动力，通过技术创新提高经济回报率，最终提高绿色全要素生产率。

3. 长效机制：加强生态环境保护

经济增长带来的环境污染问题是制约绿色全要素生产率提高的重要因素之一，绿色全要素生产率的持续提升，需要以加强生态环境保护作为长效机制。针对当前普遍存在的"先污染、后治理"的事后治理模式，加强生态环境保护，首先要求提高对环境污染源头控制的重视程度。当前的末端治理模式存在投入成本高、效益低的问题，因此排污企业的配合度较低，并且受限于环境技术普遍偏低，许多污染物治理难度很大。鉴于此，生态环境保护需要从源头开始控制，推广使用清洁能源，提高能源、资源的利用效率，尽可能减少污染物的产生，实现环境保护与经济发展的双赢平衡。其次，加强生态环境保护要求加强过程控制，加强生产过程中的节能减排力度，以有效推动经济发展向绿色、可持续的方向转变。加强过程控制，在经济系统中引入资源和环境因素，可以使原本处于经济系统以外的外部成本在新的经济系统中内部化，重建经济形态，提高经济增长效率，保障生产力的持续发展。

4. 基本保障：政府的宏观调控

提高绿色全要素生产率，需要以政府合理的宏观调控作为基本保障。政府在调控宏观经济发展方向方面起到主导作用，在环境经济政策制定中具有决策权，因此，需要以政府合理的宏观调控为基本保障，提高绿色全要素生产率。实现政府合理的宏观调控，要求政府积极调整包括价格政策、税收政策等内容的宏观经济、环境政策体系，首先，可以利用差别税率、阶梯税率来完善环境税、能源税等资源环境相关税种的征收管理制度，建立具有资源和环境导向性的绿色税收政策体系，增加企业和社会节约资源、保护环境的意识，进一步提高绿色全要素生产率。其次，政府可以利用绿色价格政策，考虑资源与环境因素，对产品价格进行调整或限制，引导企业创新和利用清洁生产技术。最后，政府可以建立和完善具有环保偏向性的信贷投资制度，对符合条件的绿色环保项目放宽信贷投资条件，并设置一定的借贷、还贷优惠政策，通过政策的绿色倾斜，促使全社会形成节约资源、保护环境的绿色可持续发展理念，进而促进环境全要素生产率水平的提高。

二、内蒙古绿色全要素生产率时空差异的实证分析

随着中国经济高质量发展的逐步推进以及绿色发展理念的贯彻落实，绿色全要素生产率成为未来经济增长的主导力量，地区之间的竞争将演变为绿色全要素生产率之间的竞争，地区经济发展差距也将更多地体现为绿色全要素生产率的差距，彰显出绿色全要素生产率的内在重要性。基于此种认识，本章主要对内蒙古12个盟市的绿色全要素生产率进行测算、分解与分析，识别出其时空差异，以期为实现内蒙古地区的经济高质量发展提供实证参考依据。

1. 指标体系的选取

对于测算绿色全要素生产率时的投入产出指标选取学术界尚未形成统一的标准，本书以内蒙古12个盟市为研究对象，参照现有研究成果，根据数据的可获取性，选取年末从业人员数作为劳动力投入指标，选取地区固定资产投资额作为资本投入指标，选取各地能源消费总量作为能源投入指标，同时将产出指标分为期望产出指标与非期望产出指标。其中，期望产出指标选取地区生产总值，非期望产出指标则选取化学需氧量排放量、氨氮排放量、二氧化硫排放量、氮氧化物排放量、烟（粉）

尘排放量、碳排放量一般工业固体废物产生量、危险废物产生量。具体内容见表 5-1。

表 5-1　内蒙古绿色全要素生产率的投入产出指标

变量		指标
投入变量	劳动力投入	年末从业人员数（万人）
	资本投入	地区固定资产投资额（亿元）
	能源投入	地区能源消费总量（万吨标准煤）
产出变量	期望产出	地区生产总值（亿元）
	非期望产出	化学需氧量排放量（吨）
		氨氮排放量（吨）
		二氧化硫排放量（吨）
		氮氧化物排放量（吨）
		烟（粉）尘排放量（吨）
		碳排放量（吨）
		一般工业固体废物产生量（万吨）
		危险废物产生量（万吨）

资料来源：笔者整理。

2. 数据来源

本书选取 2011~2018 年内蒙古 12 个盟市的相关数据对其绿色全要素生产率进行综合测度与分析。所用数据主要来源于历年《内蒙古自治区统计年鉴》《中国城市统计年鉴》以及内蒙古自治区生态环境厅。

3. 测算结果及分析

本书使用基于全局方向性 SBM 模型构建的 GML 生产率指数及其分解指数对 2011~2018 年内蒙古 12 个盟市的绿色全要素生产率增长指数（GML 指数）、绿色技术效率变化指数（GEC 指数）和绿色技术进步变化指数（GTC 指数）进行测算。鉴于 GML 指数反映的是绿色全要素生产率的增长率（变化率）而非绿色全要素生产率本身，借鉴邱斌等（2008）、李斌等（2013）的做法，以 2011 年为基期（设定 2011 年的变化率指数为1）循环累乘得到2012~2018年内蒙古各盟市绿色技术效率指数（见表5-2）、绿色技术进步率指数（见表5-3）、绿色全要素生产率指数（见表5-4），内蒙古各盟市绿色全要素率变化指数（GML指数）及其分解指数均值见表5-5。

表5-2　　　　　　　内蒙古各盟市绿色技术效率测算结果

决策单元	2012年	2013年	2014年	2015年	2016年	2017年	2018年
呼和浩特市	1.0220	1.0415	1.0631	1.0731	1.0709	1.0846	1.0939
包头市	0.9584	0.9776	1.0011	0.9786	1.0187	0.9757	0.9662
呼伦贝尔市	0.9542	0.9730	0.9699	0.5379	0.9303	0.9333	0.9593
兴安盟	1.0000	1.0000	1.0000	1.0000	1.0000	1.0000	1.0000
通辽市	0.9930	1.0199	1.0356	1.0188	1.0082	0.9972	0.9784
赤峰市	0.9820	1.0301	0.9395	0.9274	0.9495	0.9863	1.0759
锡林郭勒盟	0.9881	0.7519	1.1060	1.1141	0.9796	1.0916	1.2368
乌兰察布市	1.0321	1.1239	0.9825	0.9419	0.9199	0.9380	0.9573
鄂尔多斯市	0.9562	1.0175	0.9421	1.0962	0.8524	0.8608	0.8878
巴彦淖尔市	0.5818	0.6738	0.9847	0.9806	0.7080	0.6713	0.5933
乌海市	0.9499	0.6583	0.5220	0.5057	0.3667	0.3855	0.3736
阿拉善盟	0.9865	1.1181	0.9838	0.9535	1.0523	1.0081	0.7607
均值	**0.9414**	**0.9346**	**0.9469**	**0.9021**	**0.8759**	**0.8826**	**0.8705**

注：绿色技术效率为GEC指数进行循环累乘后的结果。
资料来源：笔者整理。

表5-3　　　　　　　内蒙古各盟市绿色技术进步率测算结果

决策单元	2012年	2013年	2014年	2015年	2016年	2017年	2018年
呼和浩特市	1.0020	1.0027	1.0112	1.0419	1.1039	1.2304	1.3290
包头市	1.0240	1.0235	1.0140	1.0337	1.6421	1.6947	1.5597
呼伦贝尔市	1.0529	1.0366	1.0281	1.7290	1.1059	1.1450	1.1572
兴安盟	1.1454	0.8208	0.9518	0.9544	0.9696	0.9735	0.9143
通辽市	1.0428	1.0177	0.9899	1.0060	1.1586	1.1319	1.2912
赤峰市	1.0091	1.0291	1.0983	1.1595	1.2522	1.3005	1.4478
锡林郭勒盟	1.0161	1.2890	0.8844	0.8861	1.3721	1.2312	0.7691

续表

决策单元	2012年	2013年	2014年	2015年	2016年	2017年	2018年
乌兰察布市	1.0102	0.9568	0.9897	1.0292	1.1940	1.2837	1.2007
鄂尔多斯市	1.0894	1.1087	1.1391	1.2156	1.3324	1.3823	1.4435
巴彦淖尔市	1.6172	1.3975	1.0069	1.0014	1.0923	1.1628	1.3804
乌海市	0.8191	0.8543	0.9024	1.0926	1.2024	1.2447	1.7462
阿拉善盟	0.8376	0.7674	0.8708	0.8987	1.2814	1.3376	1.5621
均值	**1.0408**	**1.0114**	**0.9876**	**1.0703**	**1.2151**	**1.2494**	**1.2866**

注：绿色技术进步率为 GTC 指数进行循环累乘后的结果。
资料来源：笔者计算。

表 5-4　　内蒙古各盟市绿色全要素生产率测算结果

决策单元	2012年	2013年	2014年	2015年	2016年	2017年	2018年
呼和浩特市	1.0241	1.0443	1.0749	1.1181	1.1822	1.3345	1.4539
包头市	0.9814	1.0005	1.0151	1.0116	1.6728	1.6535	1.5070
呼伦贝尔市	1.0047	1.0086	0.9971	0.9300	1.0289	1.0686	1.1101
兴安盟	1.1454	0.8208	0.9518	0.9544	0.9696	0.9735	0.9143
通辽市	1.0355	1.0379	1.0251	1.0249	1.1681	1.1287	1.2632
赤峰市	0.9910	1.0601	1.0319	1.0753	1.1890	1.2827	1.5577
锡林郭勒盟	1.0040	0.9693	0.9781	0.9872	1.3440	1.3440	0.9512
乌兰察布市	1.0426	1.0753	0.9724	0.9695	1.0983	1.2041	1.1495
鄂尔多斯市	1.0418	1.1281	1.0731	1.3326	1.1357	1.1899	1.2816
巴彦淖尔市	0.9409	0.9416	0.9915	0.9819	0.7733	0.7806	0.8190
乌海市	0.7781	0.5624	0.4711	0.5525	0.4409	0.4798	0.6525
阿拉善盟	0.8263	0.8580	0.8567	0.8570	1.3484	1.3484	1.1883
均值	**0.9798**	**0.9452**	**0.9352**	**0.9655**	**1.0643**	**1.1027**	**1.1200**

注：绿色全要素生产率为 GML 生产率指数进行循环累乘后的结果。
资料来源：笔者计算并绘制。

表 5-5　　内蒙古各盟市 GML 指数及其分解指数均值

决策单元	GML	GEC	GTC
呼和浩特市	1.0549	1.0129	1.0415
包头市	1.0603	0.9951	1.0656
呼伦贝尔市	1.0150	0.9941	1.0211

续表

决策单元	GML	GEC	GTC
兴安盟	0.9873	1.0000	0.9873
通辽市	1.0339	0.9969	1.0372
赤峰市	1.0654	1.0105	1.0543
锡林郭勒盟	0.9929	1.0308	0.9632
乌兰察布市	1.0201	0.9938	1.0265
鄂尔多斯市	1.0361	0.9831	1.0538
巴彦淖尔市	0.9719	0.9281	1.0471
乌海市	0.9408	0.8688	1.0829
阿拉善盟	1.0250	0.9617	1.0658
内蒙古整体	**1.0163**	**0.9804**	**1.0367**

注：以上数据为各盟市2012~2018年的几何平均值。
资料来源：笔者计算。

（1）绿色技术效率分析。总体来看，样本考察期间内蒙古整体绿色技术效率在波动中呈下降趋势，由2012年的0.9414下降为2018年的0.8705，表明整体而言，内蒙古绿色技术效率在一定程度上出现恶化，即内蒙古在经济发展过程中存在资源能源消耗过度、生产要素投入冗余现象，劳动力、资本、能源等传统生产要素资源利用率不高，在特定的技术水平下，要素投入与经济产出不相匹配，投入的生产要素资源未能完全转化为相应的最优经济产出。进一步看，绿色技术效率出现下降可能的原因主要包括：一是在特定制度安排和变革下，劳动力结构、数量和质量的变化，降低了劳动力创造经济产出和社会价值的能力；二是特定制度环境下，随着投资边际报酬递减，资本创造经济产出的能力也在下降；三是受到能源管理、定价及其在行业间的配置等因素影响，能源利用效率尚未有效提升。除了上述原因外，绿色技术效率下滑也与内蒙古以资源型产业为主导的单一化产业结构有关。理论上，根据资源诅咒效应假说，依赖资源型产业发展的产业结构会对各类生产要素资源产生强大的"虹吸效应"，导致土地、资本、人才、技术等要素资源过度沉积在以煤为主的资源型产业中，造成新兴产业，特别是高端制造业发育严重不足，综合创新能力得不到有效提升，新动能难以得到有效培育和扩张，经济可持续增长后劲不足。

从各盟市具体情况来看，样本考察期间 12 个盟市中只有锡林郭勒盟、呼和浩特市、赤峰市的绿色技术效率在波动中实现了小幅提升（如图 5-1 所示）。表明与其他盟市相比，这些盟市经济增长较为集约，资源要素配置效率和综合利用率相对较高。兴安盟的绿色技术效率值在样本考察期间始终维持为 1，表明在此期间兴安盟的绿色技术效率既无恶化也无进一步改善。此外，其余盟市的绿色技术效率水平均出现不同程度的下降，尤其是巴彦淖尔、乌海和阿拉善盟的绿色技术效率下降幅度较大。

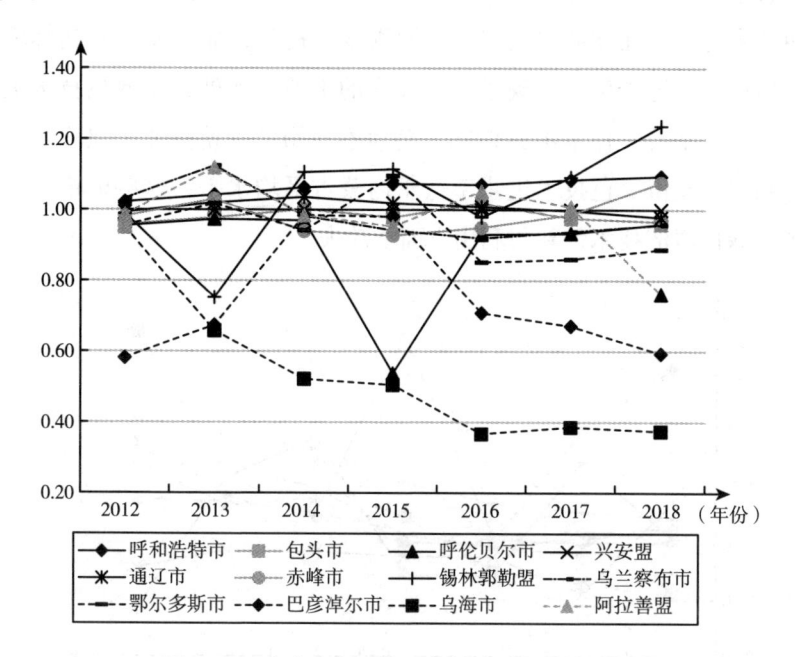

图 5-1 内蒙古各盟市绿色技术效率变化趋势

资料来源：笔者计算并绘制。

（2）绿色技术进步分析。总体来看，样本考察期间内蒙古整体绿色技术进步率大致呈上升态势，由 2012 年的 1.0408 上升为 2018 年的 1.2866，出现这一现象与党的十八大以来内蒙古不断强化环境规制力度相关，与"波特效应"理论中的环境规制"创新补偿效应"理论以及现有大部分学术研究结论相吻合。根据环境规制的"创新补偿效应"理论，不断趋严的环境规制约束会倒逼排污企业进行绿色化转型升级，例如采用更加节能环保的绿色生产技术和装备设备、通过改进生产工艺和生产流程实现清洁化生产等，其最终推动了地区绿色技术创新和绿色技术进步。近年来，内蒙古强化绿色清洁技术投入，持续在新能源、煤化工、节能环保等领域加大科技资金投入力度，着力构建绿色技术创新体系，从而在一定程度上实现了环境规制的"创新补偿效应"。

从各盟市具体情况来看，样本考察期间12个盟市绿色技术进步情况存在较为显著的地区异质性（如图5-2所示）。其中，呼和浩特、包头、呼伦贝尔、通辽、赤峰、乌兰察布、鄂尔多斯、巴彦淖尔、乌海等盟市绿色技术进步率在波动中实现了不同程度的提升，而兴安盟和锡林郭勒盟的绿色技术进步率却出现了一定程度的下滑。此外，从绿色技术进步率平均水平来看，样本考察期间，乌兰察布市、呼伦贝尔、兴安盟、锡林郭勒盟等盟市绿色技术进步率低于内蒙古平均水平，这些盟市未来需在加大绿色清洁技术创新与利用方面下功夫。

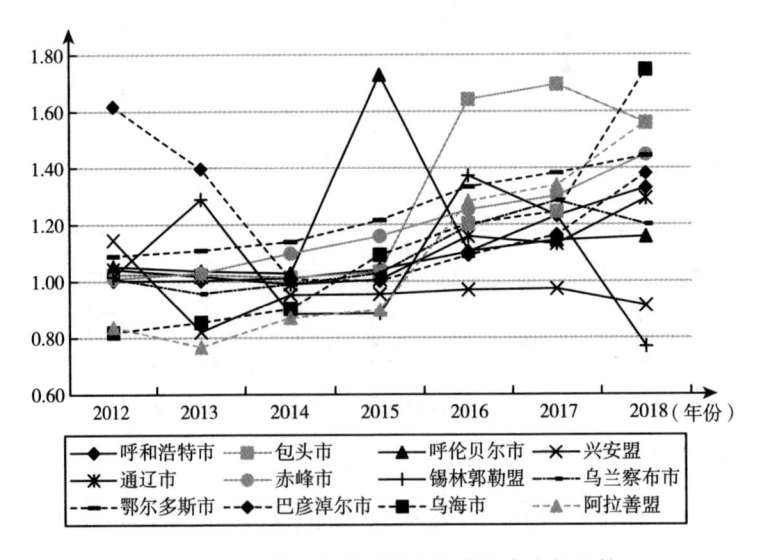

图5-2 内蒙古各盟市绿色技术进步变化趋势

资料来源：笔者计算。

（3）绿色全要素生产率分析。总的来看，样本考察期间内蒙古整体绿色全要素生产率大致呈上升态势，由2012年的0.9798上升为2018年的1.1200，见表5-4。根据内蒙古绿色技术效率和绿色技术进步率测算结果可知，样本考察期间内蒙古绿色技术效率出现恶化阻碍了绿色全要素生产率的潜在增长，与此同时，内蒙古绿色技术进步率提升有力推动了绿色全要素生产率增长。由于绿色技术进步的正向贡献抵消了绿色技术效率下降产生的负向影响，通过两者的耦合作用，最终的净效果是内蒙古绿色全要素生产率在一定程度上实现了增长。这一结论可从图5-3中清晰地反映出来，内蒙古绿色技术效率呈下降趋势，而绿色技术进步率呈上升态势，并且上升幅度大于绿色技术效率下降幅度，最终使得内蒙古绿色全要素生产率大致呈上升态势，并且变动趋势与绿色技术进步曲线变动趋势大致吻合。据此可以认为，绿色技术进步是推动内蒙古绿色全要素生产率增长的主要动力源泉，而通过提升绿色技术效率促进绿色全要素生产率增长尚存在较大改进空间。

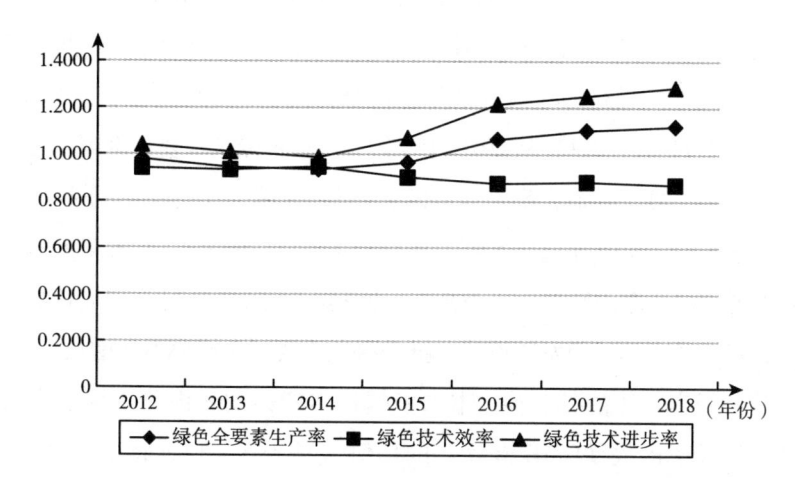

图5-3 内蒙古绿色TFP、绿色技术效率和绿色技术进步率

资料来源：笔者计算并绘制。

党的十八大以来，内蒙古绿色全要素生产率实现了一定程度的增长，表明近年来内蒙古统筹经济发展和生态环境保护，在经济社会发展中以尽可能小的资源消耗和环境污染代价来获取尽可能多的经济产出的能力

不断提升。这与党的十八大以来内蒙古大力推动生态文明建设，强化环境规制约束密不可分。2012 年，党的十八大将生态文明建设纳入"五位一体"中国特色社会主义总体布局，要求"把生态文明建设放在突出地位，融入经济建设、政治建设、文化建设、社会建设各方面和全过程"，内蒙古密集出台一系列政策措施来强化生态环境保护和污染防治，环境规制约束趋严。根据环境规制的"波特效应"理论，从短期来看，环境规制趋严能够在短期内直接约束污染企业生产行为，强制其进行节能减排，减少污染物排放，但同时会占用一部分企业生产资金。污染物减排增加了企业生产成本，导致企业经济产出部分相应减少，实际经济产出与未进行污染减排情况下的最大经济产出（即企业将全部资源要素用于生产，在污染减排方面未进行任何投入时的经济产出）之间的差额为企业经济效率损失部分，此部分即学界所谓的环境规制遵循成本。从长期来看，环境规制能够产生"波特效应"，即环境规制能够倒逼企业进行绿色化转型，激发企业产生创新行为，改进生产工艺和流程，采用绿色清洁技术设备，产生创新补偿效应，并且通过创新补偿效应来抵消环境规制遵从成本，最终的净效应则是绿色全要素生产率出现增长。

需要引起关注的是，从 2016 年开始，内蒙古绿色全要素生产率虽继续增长，但增长幅度开始收窄，其中既有内蒙古投资下滑、经济下行压力加大等因素影响，也有绿色技术效率下滑产生的负面影响。未来需大力调整优化产业结构，着力转变发展方式，不断提升资源要素配置效率和综合利用率，走内涵式集约型发展道路，推动绿色全要素生产率不断增长。

从各盟市具体情况来看，本书依据样本考察期间内蒙古绿色全要素生产率增长率指数（GML 指数）的均值（见表 5-5），将 12 个盟市划分为高增长型、中增长型和低增长型三种类型，见表 5-6。从中可以看出，内蒙古 12 个盟市中绿色全要素生产率属于高增长型的盟市是包头、赤峰、呼和浩特，即三盟市绿色全要素生产率在整个样本考察期间平均增长超过 5%。三盟市的共同特征是绿色技术进步率和绿色技术效率均较高，并且绿色技术进步幅度大于绿色效率改善幅度，表明这些盟市在经济社会发展过程中能够较好地统筹发展与保护的关系，注重绿色技术进步的同时注重生产要素资源配置优化和综合利用率提升，从而实现了绿色全要素生产率的较快增长。鄂尔多斯、通辽、阿拉善盟、乌兰察布、呼伦贝尔等盟市绿色全要素生产率属于中增长型，增长率在样本考察期间平均介于0~5%。这些盟市的共同特征是绿色技术进步率较高，绿色技术效率虽不同程度下降，但绿色技术进步幅度大于绿色技术效率下降幅度，最终实现了绿色全要素生产率的一定增长。与之相比，锡林郭勒盟、兴安盟、巴彦淖尔、乌海等盟市绿色全要素生产率属于低增长型，增长率在样本考察期间平均小于0，即平均来看绿色全要素生产率出现下降。这些盟市的特征是绿色技术进步缓慢的同时绿色技术效率出现恶化。其中，巴彦淖尔和乌海两盟市绿色技术效率下降的负向影响大于绿色技术进步产生的正向影响，从而导致绿色全要素生产率出现一定程度下降。锡林郭勒盟和兴安盟的绿色技术效率虽并未恶化，但其绿色技术进步率出现下降，从而导致绿色全要素生产率出现一定程度下降。因此，强化绿色技术进步对于这两个盟市来讲尤为重要。

表5-6　内蒙古12个盟市绿色全要素生产率增长模式

决策单元	低增长型 （GML<1.000）	中增长型 （1.000≤GML<1.050）	高增长型 （GML≥1.050）
	锡林郭勒盟、兴安盟、巴彦淖尔、乌海	鄂尔多斯、通辽、阿拉善盟、乌兰察布、呼伦贝尔	包头、赤峰、呼和浩特

资料来源：笔者计算。

三、内蒙古绿色全要素生产率的影响因素分析

绿色全要素生产率是生态优先、绿色发展为导向高质量发展的主导力量，其水平的高低除受要素投入与产出数量的影响外，还受经济发展水平、科技创新水平等因素的影响，尤其是在经济发展方式逐步转变的

新时代背景下，精确的识别各种因素的作用力度和方向，对于提升内蒙古绿色全要素生产率具有重要的意义。

（一）指标体系选取与模型构建

1. 指标体系选取

本书选取 2011~2018 年 12 个盟市的相关数据，对内蒙古绿色全要素生产率的影响因素进行识别。在参照现有文献的基础之上，考虑到数据的可获得性以及准确性，主要从经济发展水平、人力资本水平、环境规制强度、产业结构高级化水平、能源结构、科技创新水平、信息化水平七个方面出发，选取具体的指标体系。其主要包括：（1）经济发展水平，本书选取人均国内生产总值（Peo）来作为衡量标准，能够整体反映出内蒙古地区经济发展状态，以此来评判经济发展水平对内蒙古绿色全要素生产率的影响方向及力度。（2）人力资本水平（$Capt$），选取普通高等学校在校生人数来衡量。普通高等学校在校生人数代表着地区的高等人才力量，高等人才的数量可以影响该地区的经济发展，自然也会对绿色全要素生产率产生一定的影响。（3）产业结构高级化水平（ind），用第三产业增加值与第二产业增加值之比衡量，因为不同产业会带来不同的经济生产特性，产业结构的高级化可以提高生产效率促进经济发展，同时会对绿色全要素生产率产生影响。（4）能源结构（$Ener$），用每万元消耗标准煤的吨数作为衡量指标，综合反映经济发展中的绿色含量程度。（5）科技创新水平（Sci），采用科研经费占国内生产总值表示。理论上，科技创新能力提高会促使生产效率和环境管理水平的提高，从而也会提高绿色全要素生产率。（6）信息化水平（$Mess$），选取地区邮电业务总量与地区生产总值的比值来衡量。当今信息化的大环境下，信息化水平的高低可以影响知识与技术的传播速度、传播成本，高的信息化水平有利于产业结构升级优化，提高利用率，对绿色全要素生产率有着一定的正向作用。（7）环境规制强度（$Envi$），采用城市污水日处理能力作为衡量标准。环境规制通过对废弃物的处理效率来影响产出价格效应,从而影响绿色全要素生产率。

2. 模型构建

本书采取面板 Tobit 模型对内蒙古绿色全要素生产率的影响因素进行识别和分析。面板 Tobit 模型基本结构为:

$$y_{it}^* = X_{it}\beta + \partial_i + \varepsilon_{it} \quad y_{it} = \max(0, y_{it}^*) \tag{5-6}$$

其中,$i = 1, \cdots, N$;$t = 1, \cdots, T$;$\varepsilon_{it} \sim N(0, \sigma_{\varepsilon,t}^2)$。个体效应可表示为 $\alpha_i = \bar{X}_i \lambda + \mu_i$,$\bar{X}_i = \frac{1}{T}\sum_{t}^{T} X_{it}$,$\mu_i \sim N(0, \sigma_\mu^2)$。

其具体的随机效应 Tobit 模型为:

$$\begin{aligned} GML = &\beta_0 + \beta_1 \ln(Peo) + \beta_2 \ln(Capt) + \beta_3 ind + \beta_4 Ener \\ &+ \beta_5 Sci + \beta_6 Mess + \beta_7 Envi + \varepsilon \end{aligned} \tag{5-7}$$

其中,GML 是因变量,表示内蒙古各盟市绿色全要素生产率;$\beta_i(i=1, 2, 3, \cdots, 7)$ 为待定系数;ε 为随机误差项;等式右边的其他符号为内蒙古绿色全要素生产率的各个影响因素。

(二)实证结果展示与分析

通过 Stata14.0 专门处理 Tobit 模型删尾数据的最大似然估计程序,对上述面板数据进行回归分析,结果见表 5-7。

表 5-7　　　　　　　　　Tobit 模型回归结果

解释变量	I 随机效应模型	II 固定效应模型	III 混合效应模型
Peo	-0.0285 (0.0396)	-0.1384 (0.1876)	-0.0237 (0.0418)
$Capt$	0.05627 (0.0305)	0.0294 (0.0213)	0.05872 (0.0326)

续表

解释变量	I 随机效应模型	II 固定效应模型	III 混合效应模型
Ind	0.0011 ** (0.0005)	0.0020 ** (0.0009)	0.0016 ** (0.0007)
Sci	0.4415 * (0.2423)	0.0226 (0.1415)	0.4261 * (0.2140)
$Mess$	1.1067 ** (0.5380)	1.1572 * (0.6466)	1.0564 ** (0.5114)
$Ener$	-0.0138 *** (0.0053)	-0.0542 ** (0.0201)	-0.0118 *** (0.0045)
$Envi$	0.0023 * (0.0012)	0.0012 (0.0015)	0.0018 * (0.0010)
$Constant$	1.2874 ** (0.5936)	3.2473 ** (1.4768)	1.6248 ** (0.7502)

注：***、**、*分别代表1%、5%和10%的显著性水平；括号内的数值为对应的标准差。

资料来源：笔者计算。

本书对内蒙古12个盟市绿色全要素生产率的影响因素进行面板数据的实证检验，主要有混合效应、固定效应和随机效应估计三种类型。通过个体效应和Hausman检验后，最终采用随机效应模型进行回归结果分析。根据表5-7中随机效应模型的回归结果可以得出以下结论：除经济发展水平外，其余变量的系数均通过了显著性水平的检验，且模型整体上通过了显著性水平的检验，表明模型的设定较为合理。从表5-7可以看出，样本考察期间内蒙古绿色全要素生产率主要受产业结构高级化水平、能源结构、科技创新水平、信息化水平和环境规制强度的影响。实证结果显示，科技创新水平、信息化水平、环境规制强度和产业结构高级化水平对内蒙古绿色全要素生产率产生正向影响，具体如下。

产业结构高级化水平的影响系数为正，且通过了5%的显著性检验，表明产业结构沿着高级化的方向不断优化升级有助于内蒙古绿色全要素生产率的提升。这是因为，一方面，产业结构高级化表现为主导产业从劳动密集型到资本密集型再到技术密集型的转变，从而提高了生产效率；另一方面，产业结构高级化也表现为产业内部先进生产技术对传统技术进行替代。无论是知识技术密集型产业占比提高，还是各产业自身技术进步，均有利于推动地区经济增长，且大多均有利于地区节能减排和环境保护，从而有助于绿色全要素生产率提升。

科技创新水平对内蒙古绿色全要素生产率的影响系数为正，且通过了10%的显著性检验，即科技创新水平的提高有助于促进内蒙古绿色全要素生产率的提升。这表明，近年来随着先进的技术与经验传入内蒙古地区，使得该地区的科技水平有很大提升，加之内蒙古地区基于自身需求的考虑，将创新驱动上升到战略层面，不断努力创新，加大科研的投入，自主创新能力不断提升，推动内蒙古地区绿色全要素生产率的提升。

信息化水平对内蒙古绿色全要素生产率的影响系数为正，且在5%的水平显著，即信息化水平提升对内蒙古绿色全要素生产率具有积极的正向作用，这与之前的预判保持一致。这表明内蒙古地区通过加强信息、知识的传播，增加技术溢出效应和企业管理效率，带动了技术效率效应和资源配置效率的提高，从而促进内蒙古绿色全要素生产率的增长。

环境规制强度对内蒙古绿色全要素生产率产生了正向影响，影响系数为正且通过了10%的显著性检验，说明提高环境规制强度，提升污染治理能力有助于内蒙古绿色全要素生产率提升。这是因为环境规制加强不仅能够在短期内直接约束污染企业的生产行为，强制其进行节能减排，而且在长期内合理的环境规制能够产生"波特效应"，即环境规制能够激发被规制企业产生创新行为，通过创新补偿效应抵消规制遵从成本，最终的净效应则是企业乃至地区生产率和竞争力的提升。

能源结构的影响系数为负，且通过了1%的显著性检验，表明过度依赖以煤炭为主的传统化石能源消耗不利于内蒙古绿色全要素生产率提升。这一研究结果与徐斌等（2019）的研究结论相符，根据他们的实证研究，煤炭消费占比与地区二氧化碳排放之间存在显著的正相关关系，而二氧化碳排放增加显然不利于地区绿色全要素生产率的提高。样本考察期间内蒙古煤炭消费产生的碳排放量始终在地区碳排放总量中占据绝大份额，平均占比达到91.88%，这一比重在2016年更是达到93.23%，其次是石油消费产生的碳排放量，最少的是天然气消费产生的碳排放量，这与内蒙古多煤、少油、缺气的能源结构相关。因此，推动内蒙古碳减排必须围绕煤炭消费做文章，在积极开发利用清洁新能源对煤炭进行替代的同时需下大力气推动煤炭的清洁高效利用。

  人力资本水平对内蒙古绿色全要素生产率的影响系数为正，但并未通过显著性检验。理论上，人才是第一资源，研发人员投入强度越高、地区科技创新越活跃、创新成果越多、技术进步越快，越能在推动地区经济长期持续增长的同时产生更多的绿色清洁生产技术工艺创新和生态环保技术创新，从而有助于实现地区绿色发展和绿色全要素生产率的提升。实证结果不显著的原因可能是，与充足的研发资金投入相比，当前内蒙古创新型人才投入强度不足，人力资本积累不够，人力资本存在结构性失衡，尤其是高层次人才资源和高端创新团队匮乏，尚未发挥出人才资源对绿色全要素生产率的促进作用。

第六章 内蒙古走以生态优先、绿色发展为导向高质量发展新路子面临的环境

推动经济—社会—资源—环境复杂系统向高层级演进，处理好发展和保护的关系，坚定不移走好以生态优先、绿色发展为导向的高质量发展新路子，需要全面认清发展环境和发展条件的变化。

一、挑战和不利因素

当前，在疫情危机和全球经济深度衰退下，国际政治经济格局加速演变，国内经济进入转方式、优结构、换动力的攻关期，区域经济分化现象明显，内蒙古经济结构性失衡问题突出，推动经济高质量发展面临诸多挑战和不利因素。

（一）国际经济大变局"传导效应"对内蒙古的影响将不断显现

当今世界正处于百年未有之大变局，我们正处在一个挑战层出不穷、风险日益增多的时代，单边主义、保护主义严重威胁世界和平稳定。这种大变局主要体现在世界经济正在进入本轮长周期的衰退期、全球性单

边主义和保护主义不断抬头、中美贸易战有不断升级态势以及新一轮科技革命和产业变革正在引发全球经济格局发生大变革。这不仅会增加我国外部发展环境的压力,也会通过直接和间接的"传导机制"给内蒙古经济发展带来重大影响。

1. 世界经济正在进入本轮长周期的衰退期或萧条期

从经济发展史看,在过去的150多年里,全球经济大体经历了两次世界大战和两次工业革命的洗礼,经济增长主要呈现"两起、两落"特征,经济增速的两个最低点分别出现在1882年前后和1929年前后。现在,世界经济增速正在进入近百年(90年)以来的第三个"谷底",如图6-1所示。

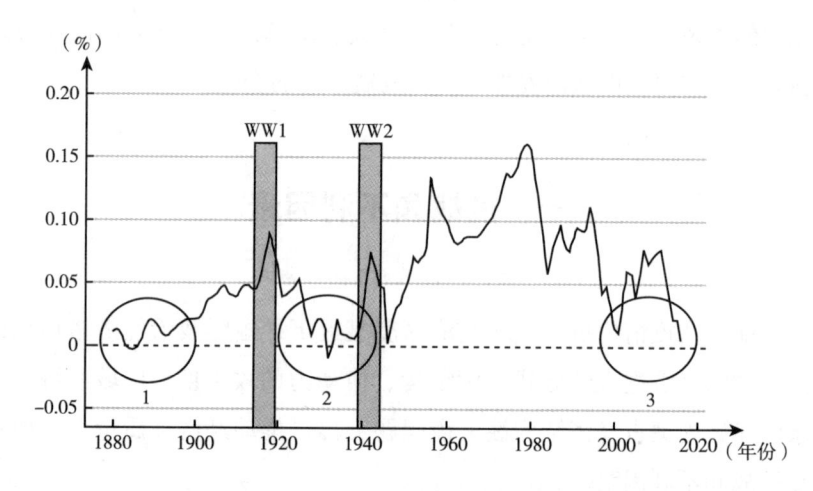

图6-1 1880年以来世界经济增速变化情况

注:17个主要经济体名义GDP增速(美元),10年滚动CGAR。

资料来源:Jorda – Schularick – Taylor Macrohistory Database. 兴业证券经济与金融研究院整理。

从规律上讲,当世界经济进入每一轮长周期的衰退期或萧条期后,国际贸易和投资的增速都将出现较大幅度下滑,主要经济体经济金融风险上升,发展动能开始减弱。这种状况在由新一轮科技革命和产业变革推动世界经济进入下一轮长周期之前都不会发生根本性改变。

2. 全球性单边主义、保护主义不断抬头影响经济全球化深入发展，进一步加剧世界经济下行压力

当今世界正在经历新一轮大发展大变革大调整，各国经济社会发展联系日益密切，全球治理体系和国际秩序变革加速推进。同时，世界经济格局深度调整，保护主义、单边主义抬头，经济全球化遭遇波折，多边主义和自由贸易体制受到冲击，风险挑战加剧。经济增长放缓背景下，技术和资本转移可能带来本国失业人口扩大、福利待遇削减等，导致各国之间"以邻为壑"、普遍出现逆全球化倾向。例如，主要发达经济体关税税率普遍在 2008 年后快速回升，目前，美国、欧盟、日本等主要经济体的加权平均税率比 2008 年以前最低点分别提高 0.17、0.58 和 0.09 个百分点。再如，2008 年国际金融危机以来，许多国家主动或被动出台了大量关于贸易和投资的保护性政策，这给全球化深入发展带来巨大负外部性影响。全球性单边主义、保护主义不仅严重威胁世界和平稳定，而且进一步加剧了世界经济下行压力，任何国家都不可能独善其身，目前主要国际机构都纷纷下调了世界经济增长的前景预期，如图 6-2 所示。

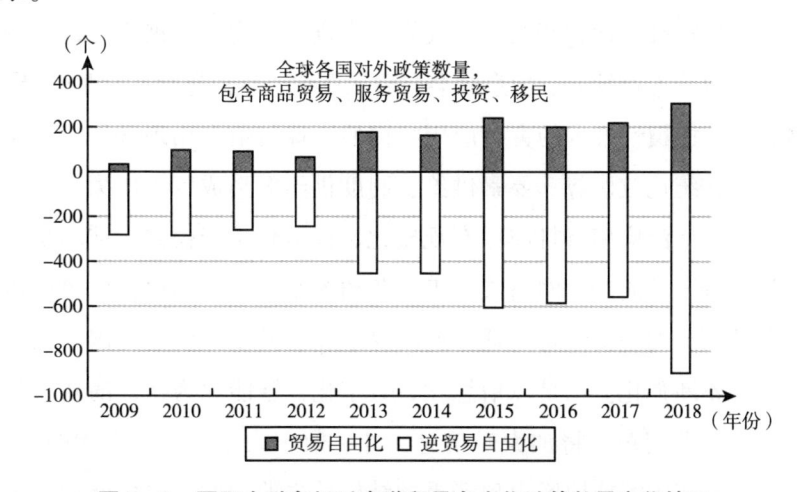

图 6-2　国际金融危机以来逆贸易自由化政策数量变化情况

资料来源：Global Trade Alert，兴业证券经济与金融研究院整理。

3. 中美贸易战的不断升级态势，进一步加大我国外部发展环境的不稳定和不确定

由美国单方面挑起的中美贸易战，现在有不断升级的态势。单从美国挑起的中美贸易战角度分析，这既会给美国经济带来较大伤害，也会让我国的对外开放体系和国内经济面临困境，但是我国已经具备一定的综合实力，有条件在底线思维下争取尽可能好的结果，打赢这场多边主义和自由贸易的保卫战。当然，在贸易战冲击下，我国经济有可能进入一个比较特殊的时期，外部环境趋紧，经济增长及股市、债市、汇市、房市等波动的压力加大。值得关注的是，继日本与欧盟达成自由贸易协议之后，美国和欧盟发布联合声明宣称，"要共同致力于零关税、消除非关税壁垒、消除对非汽车工业产品的补贴"。美欧日有可能达成三方自贸协议的动向，这将对我国经济形成新的压力，我国经济发展面临新的考验。

4. 全球范围内正在兴起的新一轮科技革命和产业变革，给我国经济发展既有重大机遇也有巨大挑战

新一轮科技革命和产业变革代表着先进生产力的发展方向，必将推动整个世界从工业社会、信息社会向后工业化、后信息化社会加快转变。与此同时，颠覆性技术的突破应用将促使全球价值链出现分解、融合和创新，对传统比较优势、要素供给、制度供给等形成巨大压力。一是颠覆性技术的广泛应用将打破原有规模化、标准化生产模式，推动全球从产业链式分工转向产业网络式分工，劳动等要素低成本比较优势和传统加工制造环节的重要性将降低，创新要素和研发设计活动在国际竞争中的重要性不断强化。二是以信息化、数字化、智能化为特征的新一轮科技革命和产业变革，将加大对信息人才、数字人才、智能人才的需求，这会导致一些国家或地区出现严重的结构性失业问题，也可能加剧传统有形物质资本供给过剩和数据、知识等无形资本需求加速上升之间的供

需矛盾。三是新科技产业革命或还将摧毁旧生产力与旧生产关系，加剧现行教育、科技、就业、社保、法律法规等传统制度体系与新的生产力之间的矛盾，对全球治理体系和各国经济社会制度带来新的挑战（易信，2019）。

5. 新冠肺炎疫情全球大流行给世界经济发展前景增添更多不确定性因素

我国经济正处在转变发展方式、优化经济结构、转换增长动力的攻关期，经济发展前景向好，但也面临结构性、体制性、周期性问题相互交织所带来的困难和挑战，加上新冠肺炎疫情冲击，目前，我国经济运行面临较大压力。我们还要面对世界经济深度衰退、国际贸易和投资大幅萎缩、国际金融市场动荡、大宗商品市场价格剧烈波动、国际交往受限、经济全球化遭遇逆流、一些国家保护主义和单边主义盛行、地缘政治风险上升等不利局面，必须在一个更加不稳定、不确定的世界中谋求发展，因此，需要在较长时间做好思想准备和工作准备。以上情况不仅会增加我国外部发展环境的压力，也会通过直接和间接的"传导机制"给内蒙古经济发展带来重大影响。

上述多种因素叠加在一起，国际贸易和投资增速将会放缓，国家及地区间的科技和产业竞争会不断加剧，这将对内蒙古经济发展产生重大影响。一是直接影响。一方面，国际贸易和投资增速放缓既不利于内蒙古持续扩大出口和吸引外资并优化需求结构，也导致发展开放型经济的压力不断增大；另一方面，国际大宗商品价格剧烈波动将给内蒙古低端化的能源重化工业发展带来很多不确定性影响。同时，国内外新一轮科技革命和产业变革新趋势将给内蒙古推动产业结构转型升级造成巨大的外部压力。二是间接影响。虽然内蒙古"引进来"和"走出去"的规模不大，对经济发展的直接影响很小，但是间接的产业链传导机制的影响需要高度关注。从国内产业链分工看，内蒙古产业，特别是工业主要集中在中上游，其他地区，特别是制造业密集地区受到国际环境影响后必然会减少对初级产品的需求，这会对内蒙古经济，特别是工业发展产生重大影响。当然，这种影响将是一个长期复杂的演变过程，我们需要持续研究和关注。

（二）国内经济进入攻关期的"阵痛效应"对内蒙古的影响将不断强化

中国特色社会主义进入新时代，我国经济发展也进入新时代。我国经济有了新的阶段性特征，已由高速增长阶段转向高质量发展阶段，正处在转方式、优结构、换动力的攻关期。一方面，从趋势和规律看，只要我们按照规律办事，我国经济在未来必将迈入高质量发展阶段；另一方面，攻关期是各种困难、矛盾、问题、风险、挑战的集中爆发期，是生产力和生产关系的关系进行重大变革的时期。因此，攻关期带有长期性，要做好打持久战的准备。从经济发展角度看，这一时期市场和政府关系的变化都会倒逼内蒙古加快跨越转方式、优结构和换动力这道关口。一是国内市场供求关系变化倒逼内蒙古推动产业结构转型升级。现在，各个地区都在加快推动新旧动能转换和产业结构转型升级，国内产业分工格局正在发生深刻变革，市场需求环境也在不断发生变化，内蒙古基于能源重化工业大发展建立起来的以单一化、重型化、低端化为主要特征的产业体系的优势地位在不断下降，新兴产业培育进程又较为缓慢，经济下行压力自然会不断加大。二是国家宏观调控倒逼内蒙古推动产业结构转型升级。按照高质量发展根本要求，国家宏观调控在适度扩大总需求的同时，以供给侧结构性改革为主线，在生态保护、产业发展等诸多领域出台许多引导、鼓励、支持和倒逼经济结构转型升级的政策举措。例如，受环境约束和产业政策调整影响，内蒙古能源重化工业项目成本不断上升，同时在土地、环评、施工许可等方面的审批速度明显放缓。从重大项目储备数量和投资总额看，2019年自治区级重大项目的数量和投资总额分别下降7.3%和9%，其中，2019年计划投资2127.7亿元，同比降幅高达30.2%左右。

（三）区域经济分化引发的"挤压效应"向内蒙古扑面而来

党的十八大以来，国内各地区转方式、优结构、换动力都加快推进，基于高质量发展的竞争渐趋激烈，区域经济分化现象开始加剧，内蒙古面临的"挤压效应"扑面而来。

1. 内蒙古经济增速和经济总量在全国排名已经倒数

经济增速方面，内蒙古地区 GDP 增速在全国 31 个省区市（不包括港、澳、台，下同）中排名已经由 2002~2009 年连续八年的第 1 位快速下降到 2018 年的第 28 位和 2019 年的第 28 位，如图 6-3 所示。2017~2019 年，经济增速一直处在 6% 以下的中低速区间，不仅与全国平均水平有较大差距，就是与西部地区的大多数省区市相比也有很大差距。目前，我国 31 个省区市中经济增速处在中低速区间的省份已经很少，如果经济增速长期在中低速区间徘徊，不仅会给稳增长、调结构、保稳定、防风险、惠民生带来很大压力，也会压缩深化供给侧结构性改革的操作空间。经济总量方面，内蒙古经济总量在全国 31 个省区市中排中已经由 2008~2014 年连续七年的第 15 位快速下降到 2018 年和 2019 年的第 21 位和第 20 位，如图 6-4 所示。从西部地区内部看，内蒙古经济总量排名也由原来的第 2 位下降到 2019 年的第 6 位。

2. 内蒙古战略新兴产业特别是高技术产业的培育和发展在全国处于后列

从高技术产业化指数看，2017 年内蒙古高科技产业化指数为 52.77，在全国 31 个省区市中仅排第 25 位。如图 6-5 所示，从高技术产业增加值占工业增加值比重看，2017 年内蒙古高技术产业增加值占工业增加值比重为 13.16%，在全国 31 个省区市中仅排在第 28 位（张学刚，2019）[①]。如

---

① 中国科学技术发展战略研究院. 中国区域科技创新评价报告（2018）[M]. 科学技术文献出版社，2018.

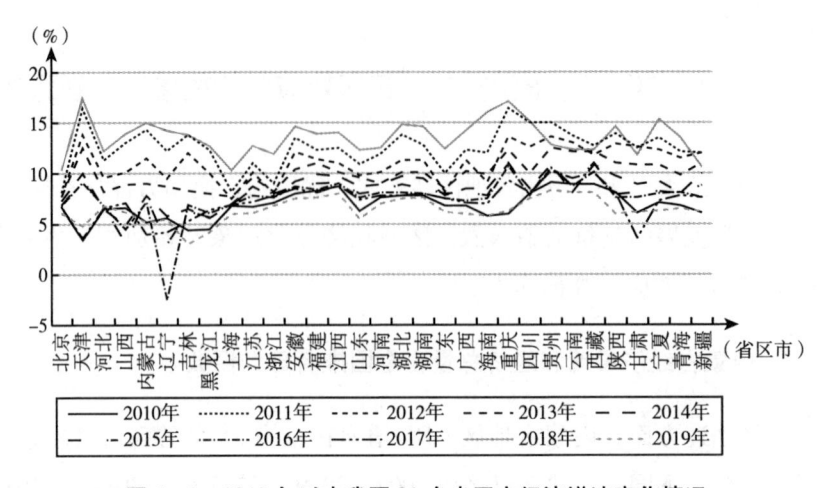

图 6-3　2010 年以来我国 31 个省区市经济增速变化情况

资料来源：根据国家统计局官方网站相关数据绘制。

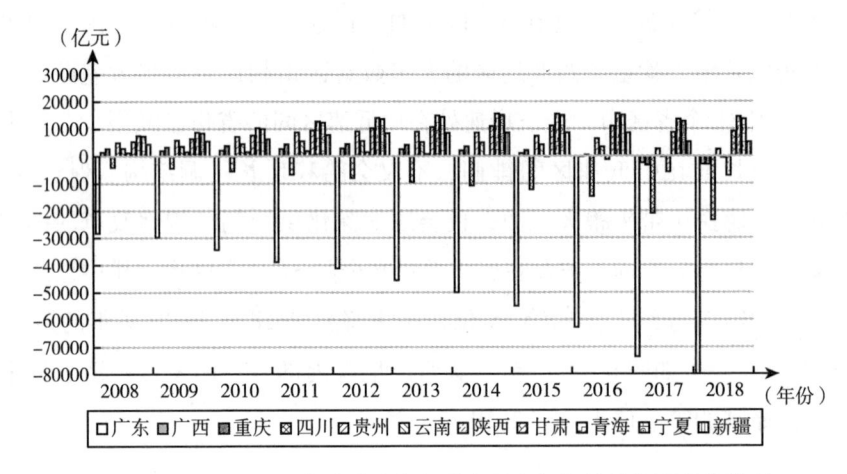

图 6-4　2008~2018 年内蒙古与相关省区市经济总量差距变化情况

资料来源：根据国家统计局官方网站相关数据绘制。

果这种趋势长期持续下去，内蒙古将会失去新一轮科技革命和产业变革带来的"弯道超车"重大机遇，后续发展可能会更加被动。当前，在结构调整、动力转换的环境下，在科技创新、组织形式创新等日新月异的条件下，通过抢抓机遇，充分利用一体化的市场、开放的经济、共享的新型技术平台等，借助移植、承接、积聚、创新等手段，可以超越原有的经济结构而培育形成新经济新动态，这使一些落后地区能够有效摆脱传统产业

第六章 内蒙古走以生态优先、绿色发展为导向高质量发展新路子面临的环境

结构的羁绊，抢占新经济新动能培育构建的制高点，实现后来居上。例如，近年来，湖北、安徽、江西、重庆、贵州等中西部地区，充分发挥自身比较优势，积极吸纳、移植高端生产要素和先进分享技术，实现了新经济新动能的横向转移和无中生有，新型经济形态或产业的发展与东部发达地区基本上处于了同一发展水平[①]。2013～2017年，湖北、安徽、江西、重庆和贵州的经济总量分别由24791.8亿元、19229.3亿元、14410.2亿元、12783.3亿元和8086.9亿元，较快增加到35478.1亿元、27018亿元、20006.3亿元、19424.7亿元和13540.8亿元[②]。根据中国信息通信研究院发布的数字经济白皮书，2018年贵州数字经济提供就业增速居中国首位，2015～2018年数字经济增速连续四年居于中国首位。与此同时，实现了大数据与实体经济、工业、农业、服务业的深度融合，推动了相关产业转型升级。2018年，贵州软件和信息技术服务业（全口径）收入348.5亿元、同比增长31.8%，电信业务总量191.2亿元、同比增长165.5%，增速排名全国第六；电信业务收入298.2亿元、同比增长10.1%，增速连续23个月排名全国第一，成为支撑贵州GDP增长的重要因素。

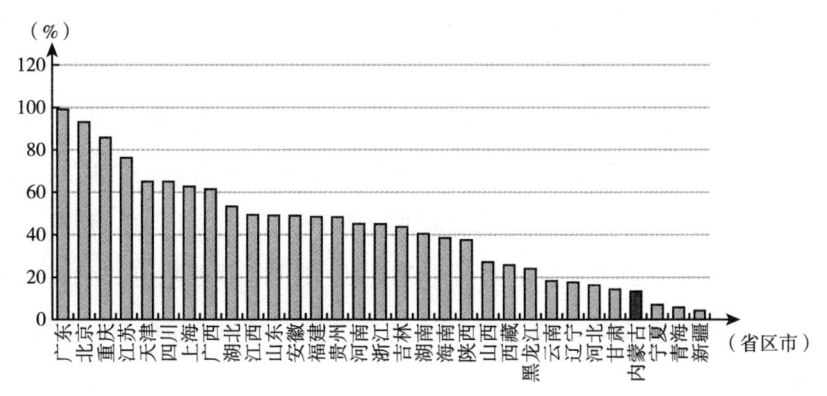

图6-5 2017年全国31个省区市高技术产业增加值占工业增加值比重情况

资料来源：根据《中国区域科技创新评价报告》相关数据绘制。

---

① 范恒山. 当前区域发展的一些新情况、新特点 [N/OL]. 中国共产党新闻网，2017-02-27. http://theory.people.com.cn/n1/2017/0227/c49154-29109604.html.

② 根据国家统计局网站相关数据整理。

3. 内蒙古营商环境依然较差，在区域间高端要素竞争中处在不利位置

营商环境的好坏直接决定了一个国家或地区经济发展的质量和速度。从某种意义上看，区域之间的竞争就是营商环境的竞争。近年来，打造以投资便利化和自由化为核心的营商环境已成为我国各地区推动经济高质量发展、增强要素资源吸引力主要手段。从区域营商环境看，2018年内蒙古在全国31个省区市仅排在第22位，在西部12个省区市中仅排在第8位[①]。从全国城市营商环境看，2018年在全国经济总量前100名城市中呼和浩特市排第56位，鄂尔多斯市排第86位[②]。营商环境较差，既不利于从国内外吸引高端要素助力内蒙古推动经济高质量发展，也有可能引发区内要素资源外流现象。例如，目前内蒙古不仅高端人才极为短缺，而且总体上属于人口净流出区域。2016~2018年，常住人口增速分别只有0.36%、0.34%和0.21%，不仅增速较低，还有逐年下降趋势[③]。同时，户籍人口2013年以来已经呈现趋势性下降，各地区劳动力流出"低龄化"现象明显增多。企业普遍反映，高学历、高技能人才引进困难成为制约企业创新发展和转型升级中最为重要的因素之一。再如，内蒙古总体上已经属于储蓄资金净流出地区，许多盟市不同程度存在本地存款多于本地贷款的情形，金融资源通过金融体系外流到区外导致本地区获取资金的空间不断缩小，也不利于金融服务地方经济发展水平的提升。总之，营造良好营商环境需要知难而进、持之以恒。营商环境的优劣始终处于动态发展的过程，好比逆水行舟不进则退。一时的松懈即可能丧失来之不易的优势，被其他区域营商环境的"洼地效应"取代。

---

① 中山大学深化商事制度改革研究课题组. 2019年全国营商环境报告［N/OL］. 腾讯网，2019–03–21. https：//new.qq.com/omn/20190321/20190321A0LWHB.html.
② 经济学家圈. 2019年中国城市营商环境指数评价报告［N/OL］. 新浪财经，2019–05–14. https：//finance.sina.com.cn/hy/hyjz/2019–05–14/doc–ihvhiqax8558284.shtml.
③ 根据《内蒙古统计年鉴（2017~2018）》以及内蒙古国民经济和社会发展2018年统计公报相关数据整理。

（四）区内经济结构性失衡的"连锁效应"不断释放

经济结构是指一个国家或地区经济发展中各个层面、各个领域、各个环节之间相互联系共同构成的一个结构体系。当前，应当高度关注一些重大结构性失衡形成的"连锁效应"对内蒙古推动经济高质量发展的负面影响。

1. 发展和保护的关系难以处理

经济效益、生态效益、社会效益难以兼顾，如何走出一条符合地区实际的高质量发展路子任务十分紧迫。从现实状况看，长期以来，内蒙古依靠矿产资源开发、发展资源型产业取得了较快发展速度，但这种发展模式不可持续，留下许多后患。为此，习近平总书记指出，内蒙古的区情特点是，一方面，发展资源型产业的潜力很大；另一方面，产业发展严重依赖资源开发，形成单一化、重型化的经济结构，新的产业增长点不足，转变经济发展方式的任务十分紧迫。不论从国内发展要求看，还是从国际发展态势看，转变经济发展方式都是大势所趋，等不得、慢不得。早转早见效，早主动；慢转，积累的问题会更多，后续发展会更加被动。因此，如何从根本上探索出一条符合内蒙古地区实际，在高质量发展中推进高水平保护，在高水平保护中促进高质量发展的新路子，既是内蒙古必须完成的重大历史任务，也是内蒙古必须自觉担负起的重大政治责任。

2. 要素投入结构中科技创新能力低下已经成为内蒙古推动经济高质量发展的"阿喀琉斯之踵"

一是研发经费投入规模小、强度低、结构不合理。2017年，全区研发经费投入规模在全国31个省区市中仅排在第23位，在西部12个省区市中仅排在第6位；研发经费投入强度在全国31个省区市中仅排在第25

位，在西部 12 个省区市中仅排在第 7 位①。如表 6-1 所示，财政科技投入不仅数量少而且占比呈逐年下降趋势（已由 2013 年的 27.0% 下降到 2017 年的 25.4%）。与此同时，基础研究投入占比长期低位"徘徊"，应用研究投入占比明显低于全国平均水平；试验发展投入占比长期居高不下，2013 年以来一直在 90% 以上，这表明内蒙古的科技创新主要是以外来技术和设备为基础开展试验发展，几乎没有基础研究，也较少涉及应用研究。此外，由于缺乏统筹协调机制，创新链上各个环节的资金使用普遍存在碎片化和低水平重复的问题。二是企业开展创新活动积极性不高且能力低下。2017 年，全区大中型企业中有研发活动的企业 172 家，仅占全部大中型企业的 29.5%；R&D 全时当量中基础研究和应用研究仅为 30 人年和 599 人年，而试验发展高达 19435 人/年。同时，在有研发活动的大中型企业中科技活动人员的数量在较快减少，已经由 2013 年的 39558 人减少到 2017 年的 26745 人，五年间减少了 12813 人。2017 年，全区规模以上工业企业的 R&D 项目数为 2353 项，在全国 31 个省区市中仅排在第 25 位；专利申请数为 3796 件，在全国 31 个省区市中仅排在第 23 位；有效发明专利数 3837 件，在全国 31 个省区市中仅排在第 24 位。2017 年，全区规模以上工业企业新产品开发项目 1606 项，在全国 31 个省区市中仅排在第 25 位；新产品开发经费支出和新产品销售收入分别为 67.26 亿元和 1124.5 亿元，在全国 31 个省区市中均排在第 23 位②。上述分析表明，目前，内蒙古的企业开展技术研发的热情并不高，整体创新能力也较为低下。三是科技成果转化能力不强。2017 年，全区专利申请受理数和专申请授权数分别为 11701 件和 6271 件，在全国 31 个省区市中均在排第 28 位③。2017 年全区科技成果市场化指数只有 14.13，在全国 31 个省区市中仅排在第 27 位④。同时，科技

---

① 根据《2017 年全国科技经费投入统计公报》相关数据整理。国家统计局，http://www.stats.gov.cn/tjsj/zxfb/201810/t20181009_1626716.html.

②③ 根据《中国统计年鉴（2018）》相关数据整理。

④ 资料来源：《中国区域科技创新评价报告（2018）》，中国科技统计官方网站，http://www.sts.org.cn/Page/Content/Content?ktype=7&ksubtype=4&pid=46&tid=104&kid=1934&pagetype=1，2019-01-03.

创新促进经济社会发展的水平也不高。2017年，全区科技促进经济社会发展指数只有59.03，在全国31个省区市中仅排在第24位，比2016年下降了1位；发展方式转变指数仅为51.42，在全国31个省区市中排第22位。此外，一些关键核心技术长期需要外部引进。四是科技人才发展水平与创新发展的要求不相适应。2017年，全区科技人力资源指数虽然在全国排第17位，但"一般性"人才居多，"高精尖"人才明显不足。截至2016年底，全区享受国务院政府特殊津贴专家4484人，仅占全区常住人口的0.06‰，入选"百千万人才工程"国家级人选仅有33人[①]。2017年，全区10万人博士毕业生数仅为14.38人，在全国31个省区市中排在第22位[②]。同时，现有高层次人才在高校、科研院所和企业间分布不平衡，大多集中在高校和科研院所，科技人才在地区间、部门间以及高校、政府和企业间的流动机制不畅。此外，统筹处理好管理与服务、引才与留才、本地人才与外地人才、高端人才与一般人才、体制内人才与体制外人才等各方面关系的体制机制还需要进一步完善。例如，2017年内蒙古科技创新环境指数在全国31个省区市中排第19位，处在中后列，而且与2016年相比下降了3位（张学刚，2019）[③]。

表6－1　　2013～2017年内蒙古研发经费投入结构变化情况

年份	研发经费投入（亿元）	财政资金占比（%）	基础研究占比（%）	应用研究占比（%）	试验发展占比（%）
2013	117.19	27.0	3.1	6.6	90.3
2014	122.13	26.9	1.8	7.7	90.5
2015	136.06	26.3	1.9	6.1	92.0
2016	147.51	22.0	2.0	7.1	90.9
2017	132.13	25.4	2.8	7.9	89.2

资料来源：根据2014～2018年《内蒙古统计年鉴》相关数据整理。

---

① 内蒙古统计局. 内蒙古人均受教育年限落后全国 人才匮乏系瓶颈［N/OL］. 中国经济网，2017-12-06. http：//district.ce.cn/zg/201712/06/t20171206_27120018.shtml.
② 刘洋. 内蒙古自治区人才资源状况分析［J］. 内蒙古统计，2017（6）.
③ 资料来源：《中国区域科技创新评价报告（2018）》，中国科技统计官方网站，http：//www.sts.org.cn/Page/Content/Content?ktype=7&ksubtype=4&pid=46&tid=104&kid=1934&pagetype=1, 2019-01-03.

3. 产业结构"逆库兹涅茨"趋势明显，产业发展的"资源诅咒"风险开始上升

从三次产业产值结构比重变化看，内蒙古三次产业占GDP比重正在由原来的"二三一"快速转变为"三二一"，第二产业产值比重由2011年的56%快速下降到2018年的37.44%，工业增加值比重也由2011年的49.5%快速下降到2018年的36.21%，见图6-6。与此同时，第三产业产值比重由2011年的34.9%快速上升到2018年的58.8%。这一期间，内蒙古经济增速的下行压力也在持续增大。与全国进入工业化后期发展阶段不同，内蒙古仍然处在工业中期阶段，在工业化任务还远未完成之时，第二产业特别是工业增加值比重快速下降并远低于第三产业，这表明内蒙古产业结构"逆库兹涅茨"趋势十分明显，工业特别是制造业已经开始出现了衰退迹象。因此，坚定不移走新型工业化道路，特别是高起点振兴制造业是内蒙古必须要高度关注的重大战略性问题。而且，如果制造业短板补不起来，服务业未来发展将受到严重制约。从工业内部的行业构成看，2017年内蒙古工业增加值中能源工业比重高达54%，冶金和化工比重达到26%，两者总计达到80%左右，战略新兴产业比重只有5%左右，工业结构资源化、单一化、重型化、低端化特征十分明显。工业结构中低端化的资源型产业比重太大，新兴产业比重太低，长期下去就有跌入"资源诅咒"陷阱的风险。

4. 城乡区域差距依然较大，经济社会发展还不同步，推动协调发展的任务十分繁重

发展不协调是内蒙古一个长期存在的突出难题，主要表现在城乡、区域、经济和社会等关系上。从城乡关系看，城乡居民在收入和民生等领域还有相当差距，需要切实加以解决。如图6-7所示，从城乡居民收入差距看，内蒙古城乡居民人均可支配收入的绝对差距还在较快拉大，2018年达到24502.12元，在全国31个省区市中排在第25位；城乡居民

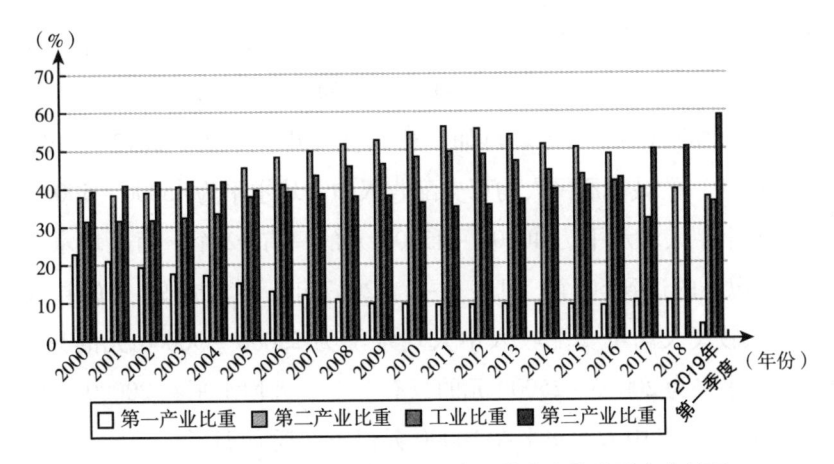

第六章 内蒙古走以生态优先、绿色发展为导向高质量发展新路子面临的环境

图 6-6 2000 年以来内蒙古三次产业的产业值比重变化情况

资料来源：根据 2001~2018 年《内蒙古统计年鉴》《内蒙古国民经济和社会发展 2018 年统计公报》《内蒙古统计月报》相关数据绘制。

人均可支配收入的相对差距虽然有一定缩小，但是 2018 年仍然达到 2.78 倍，在全国 31 个省区市中排第 24 位。两者均居全国后列。

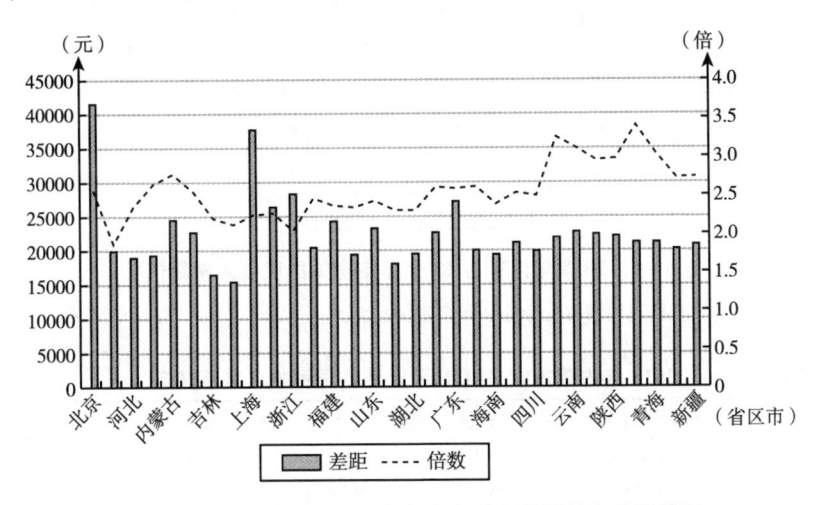

图 6-7 2018 年全国 31 个省区市城乡居民收入差距情况

资料来源：根据国家统计局官方网站相关数据绘制。

从区域关系看，无论是盟市之间还是旗县（市区）之间，人均主要经济社会指标的差距均比较大，推动区域协调发展的任务依然十分繁重。例如从盟市看，2018 年，除包头外，其他 11 个盟市的全体居民人均可支配收入与收入水平最高的包头市相比，相差 5000 元以上的有 9 个，相差 10000 元以上的有 7 个，相差 15000 元以上的有 5 个，相差 20000 元以上的有 4 个，如图 6-8 所示。再如，从旗县（市区）看，2017 年 103 个旗县（市区）的城镇居民人均可支配收入中人均水平为 45000~50000 元的只有 8 个、人均水平为 40000~45000 元的只有 12 个，而人均水平在 30000 元以下的达到 50 个，见表 6-2。2017 年，内蒙古 92 个旗县（市区）的农牧民人均可支配收入中人均水平为 25000~30000 元的只有 3 个、人均水平为 20000~25000 元的只有 7 个、人均水平在 20000 元以下的达到 82 个，其中人均水平在 10000 元以下的还有 21 个。

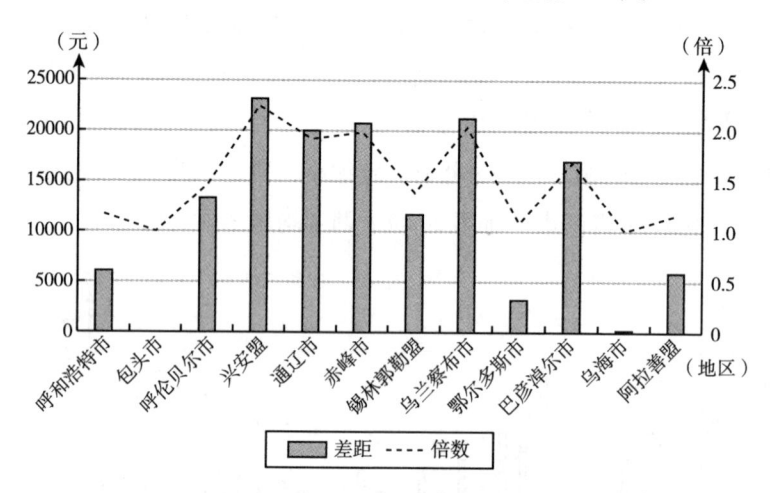

图 6-8　2018 年内蒙古 12 个盟市全体居民收入差距情况

资料来源：根据《内蒙古统计月报》相关数据绘制。

表 6-2　2018 年内蒙古旗县（市区）城乡居民收入差距情况

2018 年内蒙古 103 个旗县（市区）城镇居民人均可支配收入绝对差距情况					
45000~50000 元	40000~45000 元	35000~40000 元	30000~35000 元	25000~30000 元	20000~25000 元
8 倍	12 倍	17 倍	16 倍	36 倍	14 倍
2018 年内蒙古 92 个旗县（市区）农牧民人均可支配收入绝对差距情况					
25000~30000 元	20000~25000 元	15000~20000 元	10000~15000 元	5000~10000 元	
3 倍	7 倍	33 倍	28 倍	21 倍	

资料来源：根据《内蒙古统计年鉴（2018）》相关数据绘制。

从经济社会发展的关系看，人均GDP与全体居民收入的比值是反映一个国家或地区经济发展质量和经济社会之间协调程度的重要指标。2018年，全国31个省区市中高于全国平均水平的有15个，其中，内蒙古的比值为2.41，在全国排第20位，居于后列，如图6-9所示。同时，与全国平均水平相比较，一方面，虽然内蒙古的人均GDP一直高于全国平均水平，但是两者之间的差距在快速缩小，已经由2013年的24152元缩小到2018年的3658元；另一方面，内蒙古城乡居民收入不仅一直低于全国平均水平，而且差距在较快扩大，如图6-10所示。其中，城镇居民人均收入差距已经由2013年的463.38元扩大到2018年的946.16元；农牧民人均收入差距已经由2013年的444.64元扩大到2018年的814.47元。

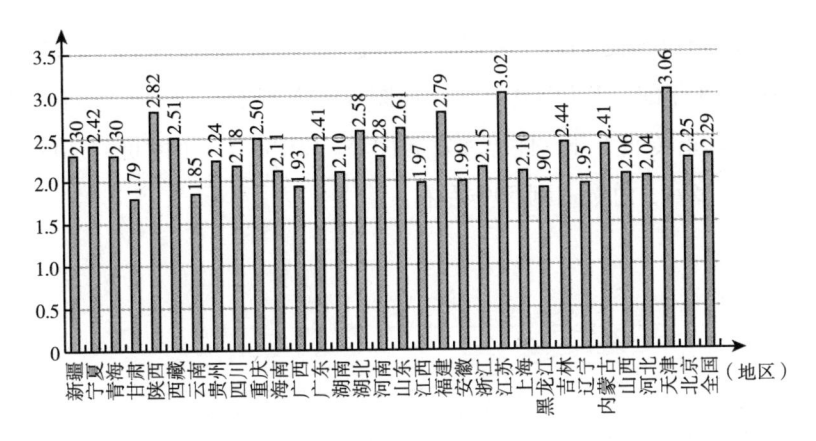

图6-9　2018年我国31个省区市人均GDP与全体居民收入比情况

资料来源：根据国家统计年鉴相关数据绘制。

5. 内外联动力能力不强，开放型经济的层次和水平不高

从外贸依存度变化看，近年来我国外贸依存度由于实施内需战略而下降较快，但基本上稳定在33%上下，如图6-11所示。内蒙古外贸依存度很低，近年来一直处在5%左右的水平，与全国平均水平的差距十分巨大。从净出口总额变化看，内蒙古净出口总额一直为负，出口总额

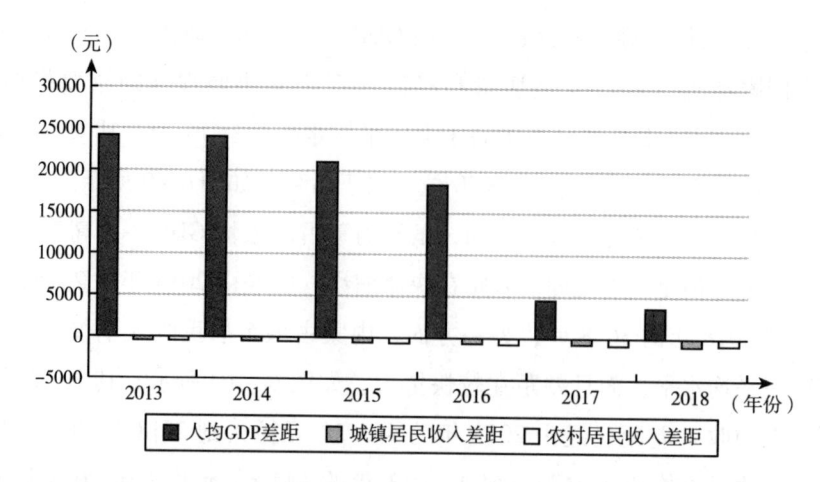

图 6-10　2013~2018 年内蒙古与全国人均 GDP 及城乡居民收入差距变化情况

资料来源：根据国家统计局官方网站相关数据绘制。

减进口总额的差额还有进一步扩大的趋势，已经由 2000 年的 -6417 万元扩大到 2018 年的 -2770700 万元，如图 6-12 所示。此外，空间区域优势还没有真正转变为开放优势和发展优势。2018 年，中欧班列从内蒙古过境 2850 多列，总数占到 50% 左右。

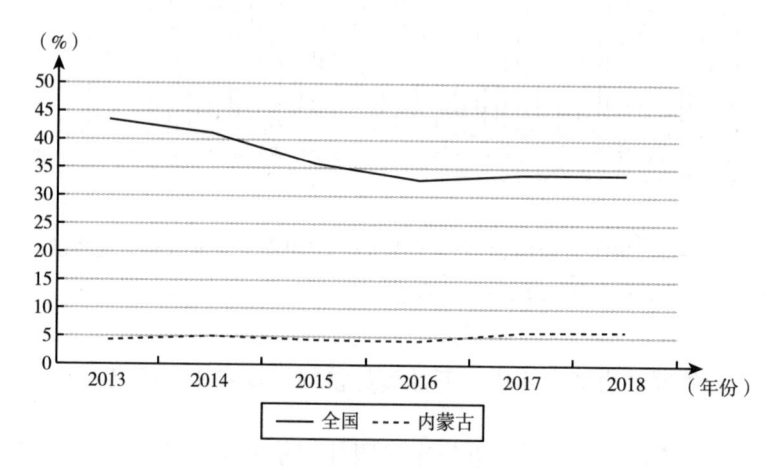

图 6-11　2013~2018 年内蒙古与全国外贸依存度变化情况

资料来源：根据国家统计局官方网站相关数据绘制。

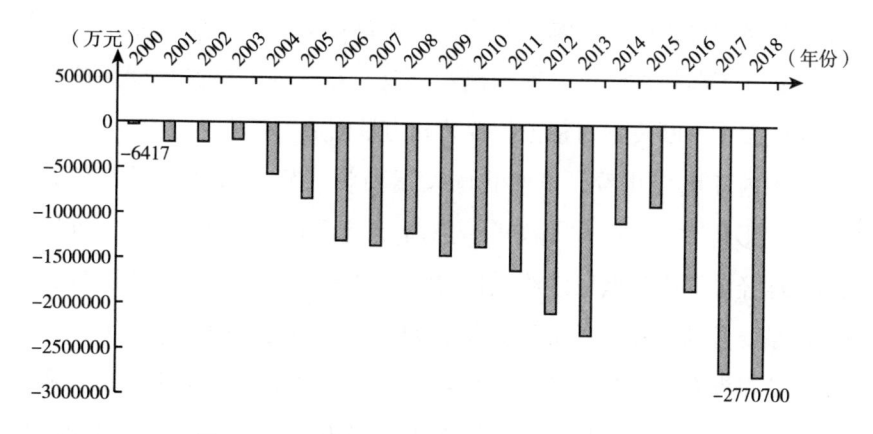

图 6-12　2000~2018 年内蒙古净出口变化情况

资料来源：根据国家统计局官方网站相关数据绘制。

二、机遇和有利条件

内蒙古推动经济高质量发展虽然面临许多挑战和不利因素，但推动经济高质量发展也面临诸多机遇和有利条件。

从国际环境变化看，虽然疫情危机和全球经济深度衰退以及逆全球化倾向和趋势会给内蒙古发展带来严峻挑战，但世界经济格局加速重构也为内蒙古发展带来一些重要机遇。例如，"一带一路"正在从倡议转为行动，从理念变为实践，从愿景变成丰硕成果，为内蒙古充分发挥"一带一路"北线核心区和中蒙俄经济走廊的战略支点作用，深度参与国际经贸、人文交流和国际合作，加快构建"北上南下、东进西出、内外联动、八面来风"的对外开放新格局创造了新机遇。世界能源格局正在深度调整，加快能源经济转型发展、保障国家能源安全的任务更加紧迫，为内蒙古充分发挥资源优势，全面落实习近平总书记"四个革命、一个合作"能源战略思想，紧跟世界能源技术革命新趋势，打造国家现代能源经济示范区创造了新机遇。再如，《2030 年可持续发展议程》在世界范围内得到广泛共识并深入推进，我国加快推进生态文明顶层设计和制度体系建设，国际影响力和话语权不断提升，为内蒙古立足现有基础和优势，不断拓展绿色发展内涵和外延，在国内外生态环境保护和生态文明建设中不断贡献内蒙古的智慧和力量创造了新机遇。

从国内环境变化看，虽然我国发展面临"稳中有变、变中有忧"，但经济"形稳""质优""势好"的基本态势没有发生根本改变。疫情危机和全球经济深度衰退虽然给我国经济发展带来了前所未有的困难和挑战，但是要看到，我国经济潜力足、韧性强、回旋空间大、政策工具多的基本特点没有变。我国具有全球最完整、规模最大的工业体系、强大的生产能力、完善的配套能力，拥有1亿多市场主体和1.7亿多受过高等教育或拥有各类专业技能的人才，还有包括4亿多中等收入群体在内的14亿人口所形成的超大规模内需市场，正处于新型工业化、信息化、城镇化、农业现代化快速发展阶段，投资需求潜力巨大。公有制为主体、多种所有制经济共同发展，按劳分配为主体、多种分配方式并存，社会主义市场经济体制等社会主义基本经济制度，既有利于激发各类市场主体活力、解放和发展社会生产力，又有利于促进效率和公平有机统一、不断实现共同富裕。面向未来，只要我们把满足国内需求作为发展的出发点和落脚点，加快构建完整的内需体系，大力推进科技创新及其他方面创新，加快推进数字经济、智能制造、生命健康、新材料等战略性新兴产业，形成更多新的增长点、增长极，着力打通生产、分配、流通、消费各个环节，就能够逐步形成以国内大循环为主体、国内国际双循环相互促进的新发展格局，培育新形势下我国参与国际合作和竞争新优势。这将给内蒙古"十四五"发展带来难得的机遇。例如，国家实施更大规模的逆周期调节，加大"六稳"工作力度，做好"六保"工作，在防风险前提下加强确有必要、关系国计民生的项目资金保障，为内蒙古充分发挥有效投资对稳增长、调结构、补短板、强弱项的关键作用，推进重大工程项目落地提供了有力保障。例如，国家关于煤炭等"去产能"工作的持续推进，深刻改变着国内大宗产品供求关系格局，为内蒙古发挥资源和产业优势，提高产能集中度，提升资源综合利用效率提供了广阔的市场空间。再如，国家持续加大对民族地区、边疆地区和集中连片特困地区公共资源配置力度，为内蒙古补齐公共服务供给短板，做实做细做深民生保障和社会稳定工作，全力打好精准脱贫攻坚战提供了重要保障。

从内蒙古自治区内环境变化看，也面临诸多有利条件。一是习近平总书记对内蒙古的深切关怀和厚爱。党的十八大以来，习近平总书记多次到内蒙古考察调研和参加有关活动，多次就事关内蒙古全局和长远发展的重要工作作出指示批示。习近平总书记的重要讲话、重要指示批示，为内蒙古的发展描绘了宏伟蓝图，明确了时间表、路线图、任务书，为内蒙古决胜全面建成小康社会和加快现代化内蒙古建设提供了科学指引和根本遵循。二是发展基础更加坚实。近年来，内蒙古综合实力不断增强，转型升级加快推进，居民生活水平较快提高，基础设施加快完备，生态环境不断改善，科教水平不断提升，高质量发展的态势正在不断显现。三是发展潜能依然巨大。内蒙古正处在工业化和城镇化加速推进阶段，新型工业化、信息化、城镇化、农牧业现代化和绿色化同步发展蕴藏着巨大潜能和商机，全面落实中央决策部署，全面深化改革开放，将全面释放制度新红利、激活发展新动能。四是发展优势日益凸显。伴随国家重大基础设施和产业项目向中西部地区倾斜以及深入推进"一带一路"、京津冀协同发展和长江经济带建设，内蒙古将由沿海开放的"内陆"变为内陆沿边开放的"前沿"，具有巨大的资源要素集聚优势和潜在的市场投资价值。五是发展观、政绩观、群众观不断优化。近年来，内蒙古全面对标对表党中央精神和习近平总书记重要要求，紧扣推进三大攻坚战和经济高质量发展，果断开展一系列纠错纠偏、整改整治工作，痛下决心挤水分、化债务、去产能、治污染，坚决改变过度依赖政府投资、过度依赖资源开发、过度依赖增量扩能来拉动经济增长的发展模式，坚决端正发展观、政绩观、群众观，为内蒙古如期全面建成小康社会创造了强大精神动力和良好环境。

综合判断，"十四五"时期内蒙古发展虽然面临诸多严峻挑战，但也面临许多重要机遇和有利条件。机遇不容错过，抓住并用好就能实现新的跨越赶超；挑战不容回避，应对得当就能转化为新的发展契机。内蒙古发展中面对的各类矛盾和问题是发展阶段转换过程中出现的，具有客观必然性，虽然有周期性因素的影响，但更重要的是结构性、体制性因素的严重制约。因此，我们既要增强忧患意识，又要坚定必胜信心，切实把思想和行动统一到党中央决策部署上，特别是统一到习近平总书记重要讲话、重要指示批示精神上，保持战略定力，坚定不移探索走好以生态优先、绿色发展为导向的高质量发展新路子。

第七章 内蒙古走以生态优先、绿色发展为导向高质量发展新路子的战略思路

"十四五"时期,推进内蒙古经济—社会—资源—环境复杂系统向高水平演进,处理好发展和保护的关系,关键在于全面落实习近平总书记关于内蒙古经济工作重要指示要求,推动以生态优先、绿色发展为导向的高质量发展新路子在内蒙古落地生根、开花结果。宏观上,需要处理好事关内蒙古发展全局和长远的重大关系,把正方向、走对路子。

一、正确处理人口、经济、资源、环境的关系

构建人口、经济、资源、环境综合协调的空间开发保护格局,是走生态优先、绿色发展为导向高质量发展路子的空间载体。目前,内蒙古人口、经济、资源、环境关系不协调,要素资源空间分散且配置效率较为低下,生产力空间布局不合理,城乡区域发展差距仍然较大,基础设施欠账较多等问题十分突出。与此同时,规划类型过多、内容重叠冲突、审批流程复杂、地方规划朝令夕改等问题非常普遍。2019年3月5日,习近平总书记在参加十三届全国人民代表大会内蒙古代表团审议时强调,要坚持底线思维,以国土空间规划为依据,把城镇、农业、生态空间和

生态保护红线、永久基本农田保护红线、城镇开发边界作为调整经济结构、规划产业发展、推进城镇化不可逾越的红线，立足本地资源禀赋特点、体现本地优势和特色。因此，按照国家战略部署，建立包括内蒙古在内的全国统一、责权清晰、科学高效的国土空间规划体系，整体谋划新时代国土空间开发保护格局，综合考虑人口分布、经济布局、国土利用、生态环境保护等因素，科学布局生产空间、生活空间、生态空间，是加快形成绿色生产方式和生活方式、推进生态文明建设、建设美丽中国的关键举措，是坚持以人民为中心、实现高质量发展和高品质生活、建设美好家园的重要手段，是保障国家战略有效实施、促进国家治理体系和治理能力现代化、实现"两个一百年"奋斗目标和中华民族伟大复兴中国梦的必然要求，对内蒙古走好生态优先、绿色发展为导向的高质量发展路子，具有重大意义。

二、正确处理山水林田湖草沙的关系

统筹山水林田湖草沙系统治理是新时代推进生态环境保护建设的行动指南。内蒙古生态环境保护建设虽然实现了"整体遏制、局部好转"，但是也到了"进则全胜、不进则退"的历史关头。其中，一些领域的问题还比较突出。例如，水资源短缺与水资源浪费的矛盾十分突出、草原退化问题没有得到根本解决、污染防治攻坚战中还存在一些需要切实解决的问题等。习近平总书记强调："山水林田湖草是一个生命共同体。"生态是统一的自然系统，是各种自然要素相互依存而实现循环的自然链条。2021年，习近平总书记在参加十三届全国人大四次会议内蒙古代表团审议时再次强调，要统筹山水林田湖草沙系统治理。因此，我们要按照自然生态的整体性、系统性及其内在规律，统筹考虑自然生态各要素以及山上山下、地上地下、森林草原、湖泊湿地、戈壁沙地沙漠、上游中游下游，进行系统保护、宏观管控、综合治理，增强生态系统循环能力，维护生态平衡。

三、正确处理稳和进的关系

短期的"稳"和长期的"进"是辩证统一关系。当前，内蒙古经济下行压力较大，有的地方开始动铺摊子上项目、牺牲环境来换取短期经济增长的念头，甚至想方设法突破生态保护底线；有的领导干部陷入"换挡焦虑"和"前途迷茫"的困局中。习近平总书记在对内蒙古历次讲话中都特别强调要坚持稳中求进的工作总基调，处理好稳与进的辩证统一关系。近年来，内蒙古经济发展遇到的矛盾和问题，表面上看是经济下行压力大的速度问题，但根本上是发展方式粗放、结构性失衡、质量不高、效益低下的问题。同时，引发了严重的生态问题和经济风险问题。如果不能把发展的立足点切实转到质量和效益上来，不仅现在扛不住，未来也不可能走长远。因此，我们必须以提高质量和效益为中心，把供给侧结构性改革聚焦到补短板、强弱项上来，在适度扩大总需求的同时，用转方式、优结构、换动力的方式守住经济增长的底线，有效防范系统性经济金融风险，做大高质量的经济蛋糕，不断增强发展后劲。也就是说，发展是内蒙古的第一要务，但发展必须是有质量和效益的发展。

四、正确处理提升传统产业和培育发展新兴产业的关系

大力发展新兴业态和改造提升传统产业是经济发展的两翼，不能顾此失彼，要两手抓，两手都要硬，做到共同发展、互为促进。习近平总书记深刻指出，内蒙古一方面自然资源丰富、发展资源型产业潜力很大；另一方面产业发展严重依赖资源开发，形成单一、重型化的经济结构，

这就要求我们推动经济结构战略性调整，按照生态产业化和产业生态化的基本思路，既要推动能源原材料工业、农牧业和服务业延伸升级和绿色循环低碳化改造，努力改变"四多四少""挖煤卖煤、挖土卖土"状况，又要大力发展非煤产业、培育战略新兴产业，加快构建多元发展、多极支撑的产业新体系。传统产业是内蒙古的家底和支柱产业，推动经济高质量发展不靠这个不行，光靠这个也不行。新兴产业是新增长点和制高点，是内蒙古推动经济高质量发展必须跨过的一道坎，早过早主动，慢过不仅后续发展会更加被动，还有可能失去新一轮科技革命和产业变革带来"弯道超车"的重大历史性机遇。因此，内蒙古必须坚持"两条腿走路"，在优质资源基础上延伸产业链，在后发优势中培育多元产业，在传统产业和新兴产业互补、互促中推动结构升级，构建现代产业新体系。

五、正确处理经济和社会发展的关系

高质量发展是能够很好满足人民日益增长的美好生活需要的发展，本质上是坚持以人民为中心的发展思想，体现的是逐步实现共同富裕的要求。处理经济和社会发展的关系，必将是一个从低级到高级、从不均衡到均衡的过程，一口吃不成胖子，既要尽力而为，也要量力而行。但是，量力而行不等于裹足不前、该花的钱不花、口惠而实不至。近年来，内蒙古在提高城乡居民收入、保障改善民生上都取得了很大成效，但是城乡居民收入水平较低问题较为突出、民生领域还存在一些突出短板和弱项。在共享改革发展成果上，无论是实际情况还是制度设计，都还有不完善的地方。因此，我们必须坚持发展为了人民、发展依靠人民、发展成果由人民共享，作出更有效的制度安排，在不断做大蛋糕的同时分好蛋糕，绝不能出现"富者累巨万，而贫者食糟糠"的现象。

六、正确处理政府和市场的关系

处理政府和市场和关系,本质上是重构生产力和生产关系的关系。一方面,理论和实践都证明,市场配置资源是最有效率的形式,市场经济本质上就是市场决定资源配置的经济。另一方面,我国实行的是社会主义市场经济体制,我们仍然要坚持发挥我国社会主义制度的优越性、发挥党和政府的积极作用。因此,发展社会主义市场经济,既要发挥市场作用,也要发挥政府作用。内蒙古市场化水平和经济外向度不高,能否通过优势营商环境增强各类市场主体活力,对促进经济繁荣发展具有决定性作用。习近平总书记指出,当前宏观经济环境复杂,面临许多不确定因素,但只要市场主体有韧性、有竞争力,经济就有回旋余地、有上升空间。这要求我们在处理政府和市场关系时要聚焦重点难点问题,不断优化和改善营商环境。优化营商环境不是出几条优惠政策、抓几条便民措施那么简单,关键是要在准入、成本、税费、融资、基础设施、产业配套、产权保护、人力资源、公共服务、社会治理等方面综合施策,不断激发企业和企业家的创新创业精神。因此,我们一定要深刻领会习近平总书记关于优化营商环境、支持民营经济发展的重要论述,切实改变过去那种通过堆资源、拼政策等方式来引进和培育市场主体的做法,全面改善政务、法治、市场、投资、金融、人才等环境,加快形成各类企业纷至沓来、竞相发展的良好局面。

七、正确处理内外联动的关系

开放发展主要解决的是内外联动的问题。在全方位开放条件下,畅通内外循环,全面融入两个市场对内蒙古发展具有重大战略意义。习近平总书记指出，内蒙古虽然区位优势明显，但区位优势还没有真正转变为开放优势和发展优势。我们要深刻领会习近平总书记关于"一带一路"建设和将内蒙古打造成为我国向北开放重要桥头堡的重要论述，充分发挥内联八省区、外接俄蒙的区位优势，主动融入和服务"一带一路"建设、京津冀协同发展、长江经济带建设、黄河流域生态保护和高质量发展等国家发展战略，提高开放型经济发展水平，加快形成北上南下、东进西出、内外联动、八面来风的对外开放新格局。

第八章 内蒙古走以生态优先、绿色发展为导向高质量发展新路子的主攻方向和对策建议

内蒙古走好以生态优先、绿色发展为导向的高质量发展新路子，要以深化供给侧结构性改革为主线，在优化国土空间格局、提升科技创新能力、创建国家生态文明试验区、构建绿色特色优势现代产业体系、建设现代能源经济示范区、打造北方数字经济新高地、建设我国向北开放重要桥头堡等方面不断取得新突破、新进展。

一、优化国土空间布局

按照集中、集聚、集约发展的基本思路，推动形成以生态优先、绿色发展为导向的国土空间布局，为走好生态优先、绿色发展为导向的高质量发展新路子提供国土空间保障。

（一）国土空间布局导向

坚持共抓大保护、不搞大开发，立足资源环境承载能力，发挥各地比较优势，按照主体功能定位优化重大基础设施、重大生产力和公共资

源布局，逐步形成生态功能区、农畜产品主产区、城市化地区三大空间格局，最大限度保护生态环境，最大程度培植绿色发展优势。生态功能区的主体功能定位是保护生态环境、提供生态产品，加大生态保护修复政策措施和工程任务落实力度，促进人口逐步有序向城镇转移并定居、落户；农畜产品主产区的主体功能定位是加强生态环境保护建设、推进绿色兴农兴牧、提供优质绿色农畜产品，优化农牧业布局，推动农牧业向优质高效转型，保障国家粮食安全，禁止开展大规模、高强度工业化城市化开发，禁止开发基本农田，严禁占用基本草原；城市化地区的主体功能定位是以保护基本农田和生态空间为前提来提供工业品和服务产品，高效集聚经济和人口，高质量集中特色优势产业，形成新的增长极增长带。强化国土空间用途管制，把"三区三线"作为调整经济结构、规划产业发展、推进城镇化不可逾越的红线，加快形成主体功能明显、优势互补、高质量发展的国土空间开发保护新格局。

（二）统筹内蒙古东、中、西部差异化高质量协调发展

遵循构建国土空间开发保护新格局要求，突出生态优先、绿色发展导向，优化要素配置和生产力空间布局，推动内蒙古东、中、西部地区差异化协调发展。

一是推进东部地区绿色发展。东部五盟市放大和发挥绿色生态优势，进而推动高质量发展，把保护好草原、森林、河湖、湿地等生态环境作为主要任务，高质量建设农畜产品生产基地，以生态农牧业、生态旅游业为支柱构建绿色产业体系，积极培育资源能源消耗低、污染排放少、经济质量效益高的新兴产业。

二是推动中部地区高质量发展。促进中部四盟市扩大环境容量和生态空间，立足产业基础和产业集群优势来推动高质量发展，提升产业层次和发展能级，以呼和浩特为龙头发展现代服务型经济，以包头、鄂尔多斯为重点建设能源和战略资源基地，以呼和浩特、乌兰察布为支点打

造物流枢纽和口岸腹地，构建高效分工、错位发展、有序竞争、相互融合的现代产业体系。

三是加快西部地区转型发展。促进西部盟市以补齐生态环境短板为抓手来推动高质量发展，把加强黄河流域生态保护和荒漠化治理放在突出位置，加强乌海及周边地区大气污染联防联控联治，严格限制生态极度脆弱区开发，推进资源枯竭型城市经济转型发展，推动河套灌区增加绿色有机高端农畜产品供给，积极发展特色旅游业，加快培育接续替代产。

四是促进特殊类型地区振兴发展。推动革命老区振兴，传承弘扬红色文化，发展特色优势产业和红色旅游，进一步完善基本公共服务体系和基础设施。促进老工业城市转型发展，做强做优支柱产业，推动传统产业向绿色化、智能化、服务化转型升级。加快推动资源枯竭型城市转型发展，进一步提升发展质量，推进矿区生态修复和环境治理。加大边境地区建设力度，深入实施兴边富民行动和守边固边工程，完善边境一线基础设施网络，提升基本公共服务覆盖面，增强边境城镇承载能力。

（三）扎实推进黄河流域生态保护和高质量发展

坚持重在保护，要在治理，加强黄河流域生态环境保护和协同治理，加快绿色转型和高质量发展。

一是加强黄河流域生态系统保护修复。大力推进黄河生态带建设，实施山水林田湖草沙生态保护修复工程，着力提升阴山山地生态系统质量，强化林草保护修复和水土流失综合治理，推进水土保持林建设，加大重点湖泊、湿地生态环境保护修复力度，强化沿黄河盐碱地的整治改良，推进黄河沿岸荒漠化区域综合生态治理。坚持治沙与农牧业相结合，推进退耕还湿，开展沿黄河村屯绿化美化，打造沿黄河生态廊道建设。

二是强化黄河流域环境污染系统治理。保持黄河干流良好水质，推进重要支流水污染防治，强化农业面源污染综合治理，推进控药减害、控肥增效，加强地膜回收和秸秆综合回收利用。推进工业清洁化绿色化改造，严禁在黄河干流及主要支流临岸一定范围内新上高耗能、高污染、资源性项目。加大沿黄河城镇污水收集配套管网建设，加强黄河干支流入河排污口专项整治。

三是推进黄河流域水资源节约集约利用。对黄河流域水资源承载力进行综合评估，强化水资源消耗总量和强度双控，严格限制高耗水行业发展。加强对黄河干流和主要支流取水口动态监管，抑制不合理用水需求。强化地下水超采区治理，加强乌梁素海、岱海等重点湖泊生态补水，推进灌溉体系现代化改造以实现高效节水灌溉，促进化工、建材、能源等高耗水产业节水增效。

四是保障黄河长久安澜。持续开展黄河"清四乱"行动，加强黄河干支流堤防和防沙控沙工程建设，完善支流防沙、治沙、拦沙、冲沙防治体系。构建凌汛分洪体系，重点对病险水库进行除险加固，加强黄河水文、水质、气象、地灾、雨情、凌情、旱情等状况动态监测、科学分析和信息预报。

五是推动黄河流域高质量发展。发展高效生态农牧业，加强高标准农田建设，打造河套灌区优质农畜产品生产加工产业集群。推进煤炭清洁高效利用，打造绿色清洁能源基地。统筹推进风光氢储等新能源开发利用，建设千万千瓦级风光电基地。推动传统产业改造升级，延伸产业链价值链，提高资源综合利用率和精深加工度。做大做强数字经济，积极培育新产业、新业态、新模式。加强黄河文化遗产系统保护与传承弘扬，打造黄河"几"字弯文化旅游带。

（四）构建多中心、多层级、多节点城镇体系

以生态优先、绿色发展为导向，立足生产要素分散实际，坚持集中集聚集约发展，优化资源要素配置，稳步推进以人为核心的新型城镇化，促进大中小城市和小城镇协调发展。

一是重点建设呼包鄂乌城市群。加快融入呼包鄂榆国家级城市群建

设，推进呼包鄂乌一体化发展，推动各类生产要素高效集聚。强化生态环境保护约束和城镇开发边界管控，防止城市无序扩张。加强城市群内部基础设施互联互通，促进各类生产要素有序流动，提升产业协作、人口集聚能力。明确城市间分工定位，积极承接非首都功能转移以及长三角、粤港澳大湾区等发达地区产业转移。

二是打造呼和浩特创新型首府城市。强化呼和浩特作为首府城市的辐射带动作用，大力推进国家和自治区级重点实验室、工程技术中心建设，将呼和浩特打造成区域性科技创新中心。积极发展金融、物流、商务等现代服务业业态和创意、影视等文化产业，打造区域性休闲度假中心和生活消费中心。大力建设国家物流枢纽承载城市，打造区域性交通物流中心。做大做强乳制品产业，培育发展品牌肉粮等食品加工业，建设绿色农畜产品加工基地。

三是建设赤峰、通辽区域性中心城市。将赤峰、通辽打造成内蒙古东部地区高质量带动增长极，其中，赤峰依托区位和资源优势，重点建设绿色农畜产品生产加工、新能源、生物制药基地以及区域性物流中心，打造宜居宜业城市和历史文化名城；通辽依托资源和交通优势，积极融入东北振兴、京津冀协同发展，进一步完善城市功能，大力推进产城融合，带动周边地区转型发展。

四是进一步提升中小城市承载能力。以各盟市所在地城市为重点推动城市发展规模扩张向集中集聚集约发展转变，加快推进产业结构优化升级，不断提高公共服务质量和均等化水平，着力提升城市发展品质，进一步促进人口和要素集中集聚，促进大中小城市和小城镇协调发展。

五是推进县城城镇化补短板强弱项。围绕公共服务设施提标扩面，优化医疗、教育、文旅、体育、养老、托育、社区综合服务设施；围绕环境卫生设施提级扩能，完善垃圾无害化资源化处理设施、污水集中处理设施；围绕市政公用设施提档升级，推进市政交通管网设施、老旧小区更新改造和县城智慧化改造；围绕产业培育设施提质增效，完善产业平台配套设施、冷链物流设施。培育创建一批高质量特色小镇。

二、强化科技创新战略支撑作用

创新是引领发展的第一动力。党的十九届五中全会提出,坚持创新在我国现代化建设全局中的核心地位,把科技自立自强作为国家发展战略支撑。这是以习近平同志为核心的党中央把握世界发展大势、立足当前、着眼长远作出的重大战略布局。对于内蒙古这样的西部欠发达地区,习近平总书记曾深刻指出:"越是欠发达地区,越需要实施创新驱动发展战略。"面向未来,内蒙古要坚持创新在现代化建设全局中的核心地位,把科技创新作为走以生态优先、绿色发展为导向的高质量发展新路子的战略支撑,深入实施"科技兴蒙"行动,全面提升科技创新能力,推动发展由要素驱动为主向创新驱动为主加快转变。

(一)大力推进"科技兴蒙"行动

编制完成内蒙古"十四五"科技创新规划并组织实施,同时结合内蒙古实际,突出地区特色,将五年规划各项任务进一步分解为"科技创新三年行动计划",滚动实施,稳步推进。以"科技兴蒙"行动为统领,以落实"科技兴蒙30条"政策措施为抓手,推动与"4+8+N"[①]合作主体合作协议落实落地,引进先进创新理念和技术成果,更加主动地融入国内外科技创新体系。围绕产业发展和科技创新需要,搭平台、优环境、强服务,实施更加积极、灵活、有效的政策措施,吸引更多科技领军人才、创新团队、优秀企业到内蒙古来搞创新、搞转化。

[①] "4"指科技部、内蒙古、北京、广东;"8"指中国科学院、中国工程院、清华大学、北京大学、上海交通大学、中国农业科学院、中国农业大学、北京钢研集团;"N"指除"4+8"之外的其他合作主体,如中国矿业大学(北京)等。

（二）加大科技创新投入力度

（1）实施研发投入攻坚行动，构建以科技投入为核心的考核制度体系，推动各级政府建立科技投入刚性增长机制，同时完善社会多渠道科技投入激励机制，深化与银行、担保、保险公司等金融机构合作，深化投、贷、补、保联动机制，引导金融机构加大对科技型企业的支持，鼓励企业加大研发投入强度。

（2）引进国内优秀的专业基金管理团队，对现有政府引导基金进行有效整合。调整基金使用管理有关规定，提出政府引导基金在锁定期内保值增值的限定要求。通过政府资金撬动，引导社会资本设立天使投资和创业投资基金。自治区财政每年安排一定的科技成果转化风险补充资金，为科技型企业提供风险补偿和增信支持。

（3）大力推广知识产权质押贷款，用足用好国家对多层次资本市场融资的扶持政策，加快科技型企业在科创板、创业板、新三板上市挂牌进度。支持科技型企业通过发行债券来募集资金。创新开展科技项目研发费用损失保险、科技型企业小额贷款保证保险等产品。

（三）强化重大科技创新攻关

（1）围绕"两个屏障""两个基地""一个桥头堡"建设，聚焦制约产业转型升级的重点领域和突出短板，瞄准稀土、大规模储能、石墨烯、氢能、碳捕集封存五大领域，以及新能源、新材料、高端装备制造、生态环境、现代农牧业等重点领域，承接和组织实施重大科技专项，开展前沿技术攻关，着力突破"卡脖子"技术问题。

（2）把促进优势特色产业延链补链强链作为主攻方向，统筹布局煤炭清洁利用、智慧电力、生物育种、现代化工等领域技术创新，推进信息化和人工智能与传统产业深度融合。围绕基础前沿领域和关键核心技术，组织开展基础性、原创性和应用性研究。

（四）发挥企业创新主体作用

一是突出抓好科技型企业培育，实施高新技术企业和科技型中小企业"双倍增"行动，大力引进一批更具创新活力、成长潜力的科技型中小企业，积极推动一般性企业向高新技术企业发展。建立高新技术企业培育库，对入库企业实行动态滚动管理培育，不断激发各类企业推动技术创新的内在动力，打造以科技型中小企业、高新技术企业、独角兽企业、瞪羚企业接续发展梯队。组织实施企业科技特派员行动，为企业提供全方位保姆式服务。

二是进一步调整优化资源配置体制机制，支持创新资源、创新政策、创新服务向企业集聚，赋予企业在技术创新决策、研发投入、科研组织、成果转化等方面更多自主权和话语权。

三是推进产学研深度融合，通过政策支持、资金引导，鼓励支持企业牵头组建创新联合体、建设共性技术平台、承担重大科技项目，对通过投资并购引进研发机构的企业给予奖励。

四是通过制定具体政策，引导央企在内蒙古设立研发机构或分支机构，与区内高校、科研院所共建科技创新平台，鼓励央企形成的科技成果在内蒙古转化落地。

（五）加强科技创新平台载体建设

一是围绕全区产业发展需求，优化整合全区科技创新平台，有计划地布局工程研究中心、产业创新中心、技术创新中心等科技创新平台。建立科技创新平台项目库，每年认定一批自治区级科技创新平台和企业研发机构。

二是抓住国家组建一批国家实验室、对现有国家重点实验室进行重组的重要机遇，积极争取国家有关部委的支持，推动国家科研机构、重大科研专项布局到内蒙古，在优势特色产业领域培育一批国家重点实验室，布局建设自治区重点实验室。

三是推动国家级高新区"提质进位"，将高新区打造成集聚创新资源、培育高新技术企业、发展高新技术产业的核心载体。加快呼包鄂国家自主创新示范区、鄂尔多斯可持续发展议程示范区、巴彦淖尔国家农业高新技术产业示范区创建。

四是整合现有科技成果转化平台，建立科技成果供需对接机制，完善科技成果转化服务体系建设，鼓励支持国内外技术转移服务机构在内蒙古设立分支机构。借助与科技部及国家相关部委合作、京蒙科技帮扶机制，促成京津冀等发达省区科研院所、高校在内蒙古建设联合研究中心、联合实验室、科技园区等。

五是围绕主导产业建立各类科技公共服务平台，借鉴江苏省做法，成立内蒙古产业技术研究院。运营方式上，要大胆引进专业管理团队，实行市场化运作。

六是发挥大企业引领支撑作用，支持创新型中小企业成为创新重要发源地，发展专业化众创空间，推动产业链上中下游、大中小企业融通创新。

（六）构建"政产学研用"协同创新机制

加快建立起"政产学研用"协同创新机制，在产业技术平台构架上集聚产业优势和产业特色，在公共服务能力上突出中介组织的专业功能，在创新创造上激发大学和科研院所的源头活力，在有效市场的建设上巩固企业创新的主体地位，同时包括财政、企业、社会协同增加科技投入的机制。在发挥有为政府引导作用上，建立健全以企业创新需求为导向的科技计划项目立项机制，形成"企业出题、先行投入、协同攻关、市场验收、政府补助"的科研项目组织实施机制，吸纳企业参与科技项目的决策，产业目标明确的重大科技项目由有条件的企业牵头组织实施。

着力建设各类协同创新平台，推动各类创新主体共担科技项目、共建研发平台、共促成果转化、共用科技人才、共享科技资源。

（七）着力激发人才创新活力

一是加大创新创业人才引进力度。着力构建"一心多点"人才工作新格局，加快引进重点产业、重点领域"两院"院士、领军型科技人才和科研团队。针对不同层次、不同类别的领军型科技人才，制定差别化引进人才政策。加大柔性引才引智力度，采取顾问指导、兼职服务、"候鸟式"聘任等方式，构建"人才飞地"引才模式。

二是着力培养本土创新人才。构建多层次人才培养体系，促进科学研究、工程技术、科技管理、科技创业人员和技能型人才等协调发展。积极推进"4+8+N"合作主体对接，强化与国际知名高校、科研院所、企业的定向合作，培养具有国际视野的高层次科技人才。推动产教融合、校企联合，培养一批实用型技能人才。着力营造企业家健康成长环境，大力培养创新型企业家。

三是优化人才服务保障体系，在住房保障、子女入学、配偶就业、医疗卫生服务等方面提供便利。

四是建立柔性灵活的人才激励服务模式，破除"唯论文、唯职称、唯学历、唯奖项"突出问题，健全以创新能力、质量、实效、贡献为导向的科技人才评价体系。健全科技创新激励和保障机制，优化知识产权保护和服务体系，构建充分体现知识、技术等创新要素价值的收益分配机制，完善科研人员职务发明成果权益分享机制。建立创新容错机制，鼓励科研人员大胆实践、勇于创新，允许试错、宽容失败，营造鼓励创新、激励创新、包容创新的社会氛围。

（八）优化科技创新环境

一是完善科技创新治理体系，实行竞争立项、定向委托、"揭榜挂帅"等制度。推进科研领域"放管服"改革，赋予科研人员更大的人财物自主支配权、技术路线决策权，充分释放高等院校、科研院所、科技型企业的科技创新潜力。

二是加快推进高校、科研院所和技术推广机构改革，对于中央明确的政策措施，自治区要尽快出台实施细则，允许高校、科研院所自主选择科技成果转化中的产权激励方式，放开公益一类研究院所直接参与科技成果转化或享受科技成果转化收益。

三是鼓励科技型企业设立"人才基地"，支持企业骨干担任高校、科研院所"产业教授"，推动产学研单位联合共建研发实验室、实训基地，共同培养工程类研究生等，重点支持企业与高校、科研院所联合设立技术转移服务机构。

四是加快推动科技成果转移转化。建设"内蒙古科技大市场"和线上公共服务平台，开展信息发布、成果推介等技术转移一体化服务。构建政府主导、市场运营、功能齐备的自治区技术市场运营模式。逐步建立起自治区、盟市、旗县三级联动、一网运行的技术市场体系。开展技术供需"双调查"，建立科技成果供需信息库和科技成果信息汇集发布制度。联合"科技兴蒙"行动合作主体举办科技成果对接推介会。完善科技成果转化政策体系，形成良好政策环境。通过政策扶持，对于国内领先的本土科研成果，鼓励区内科技转化服务机构优先推荐，区内企业优先转化。

三、创建国家生态文明试验区

生态环境保护建设就是保护和发展社会生产力，为推动经济高质量发展奠定基础。坚持绿水青山就是金山银山理念，以筑牢我国北方重要生态安全屏障为目标，以创建国家生态文明试验区为抓手，以改善生态环境质量为核心，严守"三区三线"，落实"三线一单"，确保生态功能不退化、水土资源不超载、排放总量不突破、准入门槛不降低、环境安全不失控，推动全区生态文明建设不断迈上新台阶，实现发展和保护在更高水平上良性互动。

（一）创建国家生态文明试验区的方向定位

1. 突出生态优先

深刻理解把握"建设我国北方重要的生态安全屏障""在祖国北疆构筑起万里绿色长城"的丰富内涵，把生态环境保护建设作为重大政治责任，谋发展、促转型，始终把生态环境保护建设放在推动绿色转型发展的优先位置，遵循生态系统内在机理和规律，树立山水林田湖草是生命共同体的思想，坚持自然恢复为主，按照系统工程思路，全方位、全地域、全过程开展生态文明建设，减少人类活动对大自然的干扰破坏，增强生态环境保护的针对性、系统性、长效性，全面提升生态系统质量和稳定性，全面提升内蒙古区域生态功能和安全性，筑牢转型发展生态安全基础，为建成我国北方重要生态安全屏障贡献内蒙古力量。

2. 聚焦产业转型

"绿水青山就是金山银山"，这既是重要的发展理念，也是推进内蒙古绿色转型发展的重大原则。要以产业转型作为推动绿色转型发展的"内核"，按照产业生态化、生态产业化的基本思路，正确把握和处理巩固提升传统产业和培育发展新兴产业的关系，培育壮大节能环保产业、清洁生产产业、清洁能源产业，发展高效农牧业、先进制造业、现代服务业，集中精力促进资源型产业绿色循环低碳化改造，千方百计培育新经济增长点，大力推进三次产业深度融合发展，加快建立多元发展、多极支撑的生态经济体系。

3. 优化空间格局

整体谋划国土空间开发保护格局，综合考虑人口分布、经济布局、国土利用、生态环境保护等因素，科学布局生产空间、生活空间、生态空间，是推动绿色转型的关键举措，也是坚持以人民为中心、实现高质量发展和高品质生活、建设美丽内蒙古的必然选择。要尊重自然规律、经济规律、社会规律和城乡发展规律，坚持节约优先、保护优先、自然恢复为主的方针，在资源环境承载能力和国土空间开发适宜性评价基础上，科学有序统筹布局生态、农牧业、城镇等功能空间，划定生态保护红线、永久基本农田、城镇开发边界等空间管控边界，强化底线约束，为可持续发展预留空间；坚持生态系统是生命共同体理念，加强生态环境分区管治，量水而行，保护生态屏障，构建生态廊道和生态网络，推进生态系统保护和修复，坚持区域协调、城乡融合，推动人口向城镇集聚，统筹地上地下空间综合利用，着力完善交通、水利等基础设施和公共服务设施，延续历史文脉，加强风貌管控，突出地域特色，加快形成经济人口资源环境综合协调的空间发展新格局。

4. 坚持改革引领

坚持解放思想、实事求是，以推进供给侧结构性改革为主线，大胆破除阻碍经济转型的观念理念和体制机制束缚，率先复制、推广各类体制机制创新经验，先行布局重大改革试点试验。推动包括国土空间规划、自然资源资产管理体制、自然资源资产负债表编制、领导干部自然资源资产离任审计、生态环境损害赔偿、河湖长制、自然资源资产产权制度、生态产品价值实现机制、公众参与机制等在内的生态文明体制改革。

5. 强化协调联动

强化主体责任，深度融入"一带一路"建设，强化对外开放与交流合作，争取各个层面指导和加大支持力度，协同推进绿色转型发展。积极参与"一带一路"建设,打造对外开放平台,加快构建外向型经济体系;强化国内区域合作,积极与京津冀对接,加强与东部沿海城市群合作,强化与邻近省区和周边城市协作;深化内部交流合作,建立生态环境治理联防联控机制,推进交通物流协同管理,加强教育文化和人才交流合作,推动产业协同发展。

6. 弘扬生态文化

创建国家生态文明试验区必须大力弘扬生态文化,使人们对生态环境的保护转化为自觉行动。应用多种形式和手段,深入开展保护生态、爱护环境、节约资源的宣传教育和知识普及活动,强化"经济、社会、资源和环境全面协调发展"的政绩意识,"节约资源、循环利用"的可持续生产和消费意识。充分挖掘民族文化资源,加强优秀民族生态文化资源的整理和保护,加强民族生态文化保护与传承,大力发展民族生态文化产业。构建全民生态教育体系,开展生态体验教育,广泛开展环保志愿者行动、义务植树造林等环保公益活动,积极开展生态农业、生态旅游等实践活动,充分发挥各类保护地的生态教育和生态体验作用。广泛开展生态文明宣传,开展主题宣传活动,开展生态文明宣传教育,及时总结宣传生态文明建设的经验,加强生态文明建设理论研究(郭启光,2020)。

(二)创建国家生态文明试验区的重点突破

1. 加强生态系统保护修复

落实《全国重要生态系统保护和修复重大工程总体规划(2021-2035年)》,统筹山水林田湖草沙系统治理,构建集草原、森林、河流、湖泊、湿地、沙漠、沙地于一体的全域生态安全格局。一是加强草原森林保护修复。实施草原保护和修复重大工程,治理退化沙化草原。严格执行基本草原保护制度,确保基本草原面积不减少、用途不改变、质量不下降，严禁在草原新上矿产资源开发等工业项目，严厉打击破坏草原生态违法行为。完善草畜平衡和草原禁牧、休牧、轮牧制度，确保草原资源合理持续利用。进行草原生态承载能力核定和草原生态系统健康评价，落实草原生态保护补助奖励政策。实施三北防护林体系建设、公益林保护、森林质量精准提升等工程，推进已垦森林草原退耕还林还草，加强森林抚育和退化林修复，提升生态系统质量和稳定性。构建以国家公园为主体的自然保护地体系，积极推进呼伦贝尔等国家公园建设。二是强化水生态保护修复。推进重要江河流域及重要水源地生态保护和恢复，在黄河、额尔古纳河、嫩江、辽河、滦河、永定河、内陆河水系等流域开展生态修复和林草植被恢复，保护和建设生态湖滨带和水源涵养带，优化防护林树种结构。在呼伦湖、乌梁素海、岱海及察汗淖尔实施湿地保护与恢复、林草植被修复。在大兴安岭等重点地区，对没有权属争议、不属于基本农田、具有还湿水源保障条件的耕地和牧草地，实施退耕退牧还湿。加强地下水超采区综合治理，持续推进旗县级及以上城市饮用水水源保护区规范化建设。三是大力推进土地沙化荒漠化防治。继续实施京津风沙源治理等重点工程，推广库布齐沙漠、毛乌素沙漠的治理方式和沙产业模式，推动浑善达克沙地、乌珠穆沁沙地、呼伦贝尔沙地治理。推进防护林体系建设及退化林修复、退化草原修复、京津风沙源治理。建立荒漠绿洲防护林、防风固沙林、沙漠锁边林、农田草牧场防护林以及水土保持林。以干旱半干旱草原为重点，加强草场改良和人工种草，实行围封禁牧、划区轮牧、季节性休牧、舍饲圈养等措施，保护和恢复草原植被。

2. 着力提升环境质量

全面落实生态保护红线、环境质量底线、资源利用上线和生态环境准入清单"三线一单"制度，实施生态环境分区管控，深入推进生态环境综合治理，着力改善环境质量。

一是强化大气污染防治。强化区域大气污染联防联控联治和重污染天气应对，推进大气污染防治分区管控，强化多污染物协同控制。深化工业污染源深度治理，推进钢铁、电解铝等行业超低排放改造，坚决淘汰、关停不达标燃煤机组，加大挥发性有机物污染防治力度。加强燃煤、机动车污染防治，统筹车、油、路综合治理。通过综合施策不断增强人民群众的蓝天幸福感。

二是强化水污染防治。全面落实河湖长制，强化"一湖两海"及察汗淖尔生态环境综合治理。加大对黄河内蒙古段干流，大黑河、浑河、昆都仑、东河等主要支流及哈素海等重点湖库保护和治理力度，着力消除支流劣Ⅴ类断面。加快工业、农牧业、生活污染源和水生态系统整治，强化饮用水水源地保护，持续推进城市黑臭水体治理。推进城镇污水管网收集体系建设，加快工业园区、开发区污水处理设施建设，加大再生水回用力度。

三是强化土壤污染防治。构建土壤环境质量监测体系，聚焦重点区域、行业和污染物，分类推进土壤环境保护与污染治理。实行农用地污染风险区、有色金属冶炼、化工、电镀等行业建设用地土壤污染风险分区管控，推进工业固废堆存场所环境整治，强化重点行业重金属减排，加强危险废物全过程监管。强化固体废物污染防治，加快推进生活垃圾分类、塑料污染治理和"无废城市"建设，促进减量化、资源化、无害化。加强农业面源污染防治，因地制宜推进农村牧区改厕、生活垃圾处理和污水治理，着力改善农村牧区人居环境。

四是开展碳排放达峰行动。积极调整产业结构、优化能源结构、提高能源利用效率、增加森林草原生态系统碳汇，有效控制温室气体排放。积极构建低碳能源体系，探索电力、钢铁、化工、建材、有色等重点行业碳排放达峰路径，控制工业领域碳排放，有效降低农业、建筑、交通运输、商业和公共机构等重点领域碳排放。

3. 加快推进产业生态化和生态产业化

一是大力推进产业生态化。严格产业准入条件，严把产业政策关、资源消耗关、环境保护关，强化节能减排降碳约束，根据内蒙古资源环境承载能力和产业基础，结合产业发展前景，择优选择符合国家产业政策和内蒙古绿色产业定位的产业项目，优化重点产业布局，严禁引进高能耗、高污染企业和发达地区因污染问题被清理的企业，打造一批资源和能源循环利用、清洁生产的示范企业。培育壮大节能环保产业、清洁生产产业、清洁能源产业，培植新的绿色增长点（朱晓俊和邢智仓，2019）。大力发展绿色低碳循环经济，加快产业废弃物循环利用，推进再生资源回收利用。加快工业固废综合利用产业化发展，提高粉煤灰、煤矸石、化工废渣、冶金渣、煤电废渣等综合利用水平。推动农作物秸秆肥料化、饲料化、燃料化、原料化利用和畜禽粪污资源化利用，加强废旧农膜、滴灌废管、农药包装废弃物等的回收与综合利用，推进城镇生活垃圾生物质发电再利用。推动园区绿色转型，支持园区环境污染第三方治理，推动园区循环化改造和绿色清洁生产，实现生产过程耦合和多联产，提高园区资源产出率和综合竞争力，不断提升园区绿色发展水平，积极推进低碳园区、近零碳园区建设。

二是积极推进生态产业化。以"产业化"思路，建立政府主导、企业和社会各界参与、市场化运作、可持续的生态产品价值实现机制和路径，推动生态优势向经济优势转化。积极培育生态产业化经营主体，大力发展生态农牧业、林下经济产业、生态工业、生态旅游业、康养产业、生态文创业等产业，培育"生态+"新兴业态。加快完善体现生态价值、代际补偿的资源有偿使用制度。探索建立生态资产与生态产品交易机制、市场化的调节服务有偿使用与生态补偿机制、社会资本参与自然保护地建设机制等生态产品价值实现体制机制。以森林、草原资源为重点，增强森林草原碳汇能力，建立碳汇评估机制，打造碳汇经济示范基地，积极推进区域碳交易合作（郭启光，2019）。

4. 推进资源节约集约高效利用

一是节约集约高效利用能源和矿产资源。有效落实节能优先方针，加强能源消费总量和能耗强度双控，推动能源资源利用方式根本转变，加快建设能源资源节约型社会。加强节能评估审查和节能监察，强化能耗源头管控，坚决遏制高耗能产业低水平重复建设。深挖节能潜力，加快节能低碳新技术推广示范和产业化应用，推动高耗能产业能效技改升级，推进重点高耗能行业能效对标提升、煤电机组节能改造。调整优化高耗能行业电价政策，取消高耗能行业优待类电价。全面推行用能预算管理和重点用能单位能耗在线监测，优化能耗要素配置，开展节能量交易。强化矿产资源节约集约利用，将绿色发展理念贯穿矿产资源开发全过程，推进矿山规模化集约化开采。

二是节约集约高效利用水资源。落实最严格水资源管理制度，加强水资源总量和强度双控，强化水资源开发利用控制红线、用水效率控制红线和水功能区限制纳污红线的刚性约束，推动全社会爱水、护水、惜水、节水。坚持以水定地、以水定产、以水定人、以水定城，严格保护、科学利用水资源，优先保证生活用水，着力确保生态基本需水、粮食生产合理需水，优化配置生产经营用水，推动用水方式由粗放向节约集约转变。把水资源评估作为各类耗水工程项目的优先审批内容，水资源短缺地区严控高耗水项目，坚决抑制不合理用水需求。全面推进农业节水，限制高耗水农作物种植，发展高效节水农业，对各类农田灌区全面实施节水灌溉改造。大力推广再生水利用，将再生水纳入水资源统一配置体系，建立再生水利用保障机制，因地制宜建设再生水利用供水系统。稳步推进水权转让和水权交易。

三是节约集约高效利用土地资源。强化土地节约集约利用，落实最严格的耕地保护制度，落实耕地占补平衡政策，清理整顿违法用地，充分、合理、有效利用"四荒地"。大力盘活城乡存量建设用地，推进城乡低效用地再开发和工矿废弃地复垦利用。完善产业用地配置方式，鼓励以长期租赁、先租后让、租让结合等方式供应产业用地，提高土地资源利用效率。

5. 构建绿色生活方式

一是推进绿色低碳出行。大力倡导绿色低碳出行，广泛开展以"推动绿色共建、实现绿色共享"为主题的绿色共建活动。加快充电桩建设，积极推广应用清洁能源、新能源公交车和出租汽车。推广共享单车、新能源汽车租赁等绿色出行方式，鼓励汽车租赁公司开展异地还车等业务，推动绿色出行。

二是大力倡导绿色消费。围绕"绿色生产、绿色包装、绿色流通、绿色经营、绿色消费"全产业链环节，积极宣传绿色消费理念，推动形成文明、节约、绿色、低碳、循环的消费理念。强化企业绿色消费责任，积极推动绿色节能产品的需求整合，加大绿色环保产品的生产和开发力度。引导消费者向勤俭节约、绿色低碳的生活方式转变，倡导节约粮食，鼓励消费者购买和使用节能环保产品、购买低能耗家电、减少使用一次性用品。推行绿色产品政府采购制度，优先或强制采购绿色产品，提高政府绿色采购比重。

三是鼓励节约利用资源。开展节能全民行动，弘扬低碳节约社会风俗，倡导绿色简约生活。加大媒体宣传力度，引导居民生活节水、节电、节气。建设节水型社会，鼓励中水循环利用，倡导勤俭节约的生活方式。大力推动公共机构节能，建设节约型政府。行政事业单位在节能、节水、节纸、公务用车等方面要率先垂范，公共机构人均能耗逐年降低。

四是开展绿色示范创建活动。大力创建绿色示范社区，重点在建筑节能改造、新能源和可再生能源利用、社区绿化等方面开展示范。大力创建绿色示范企业（家庭），重点在清洁生产、节能节水、绿色出行、资源综合利用等方面进行示范，推动电子商务和电子政务发展，倡导无纸化办公。大力开展示范创建活动，引导培育环保社会组织健康有序发展。完善环境状况公布及重大事项风险评估制度，强化公众参与和社会监督。

6. 打造绿色生态科技创新集聚区

一是加快集聚创新主体。广泛参与全国及至全球创新资源配置，加快培育创新主体，完善科技创新平台、双创平台、创新资源共享服务平台等为主的创新平台体系，集聚创新主体和创新人才，完善创新资源核心要素。积极培育创新型企业，支持创新型龙头骨干企业示范带动，塑造全区科技型企业成长梯队，努力培育科技型企业、科技型小巨人企业、科技型成长企业、科技型种子企业。打造跨区域、跨企业的科技合作平台，组建能源装备制造、电子信息、节能环保、新材料等产业技术创新联盟。实现创新与创业相结合、线上与线下相结合、孵化与投资相结合。

二是加大创新人才引进培养力度。构建产业建设与人才支撑的互动信息平台。通过人才引进、挂职交流、项目合作等方式，培育和引进一批生态文明建设领域的领军人才、高层次创新人才和团队。建立高层次专家和各类专业人才数据库，柔性引进拥有重大、关键核心技术的人才和创新创业融合性领军人才。吸纳异地高校和优秀创新创业团队，通过专业顾问、服务外包等形式，以"共享"替代"引进"，同时重视对本地青年创新创业人才的动态跟踪和评估。

三是推进绿色产业科技创新。建立绿色科技创新产学研一体化和科技创新成果产业化技术支撑体系。利用大数据云计算、工业互联网、人工智能等新兴技术来改造提升传统工业。现代服务业重点加大物联网、大数据等新技术应用，推进服务业商业模式创新。大力发展智慧旅游、智慧医疗、智慧物流、电子商务等新兴服务业。建立商业模式创新案例库，推广全球和全国先进的物联网应用平台，定期发布商业模式创新及应用案例，在全区总结推广。

7. 完善生态文明制度

一是健全生态保护制度。落实最严格的生态环境保护制度，将各类开发活动限制在资源环境承载能力之内，严格明确生态环境保护责任和目标，构建以生态优先、绿色发展为导向的经济社会发展考核评价体系，强化能源资源消耗、土地和水资源节约、环境损害、生态效益等指标约束，将这些指标纳入政府年度绩效考评体系。强化河湖长制，推行林长制，进一步完善生态保护红线监管制度。建立跨地区、跨流域、覆盖重点领域和重点区域的生态补偿机制,逐步增加对重点生态功能区、生态保护红线区、自然保护地的转移支付,完善生态保护成效与资金分配挂钩的激励约束机制,推动建立市场化、多元化生态补偿机制。完善生态产品价值(GEP)核算,积极探索生态产品价值实现机制。

二是完善环境管理制度。建立健全生态环境保护领导和管理体制、激励约束并举的制度体系、政府企业公众共治体系。全面推行排污许可制,推进排污权、碳排放权市场化交易。落实生态环境保护督察制度,推进生态环境保护执法规范化,开展生态环境保护民事、行政公益诉讼。完善生态环境损害赔偿制度,健全环境信用评价、信息强制性披露、严惩重罚等制度。建立稳定的财政投入机制,推动环境污染责任保险发展。

三是健全绿色发展法规政策体系。修订《内蒙古自治区实施〈中华人民共和国节约能源法〉办法》,研究制定自治区循环经济、清洁生产地方性法规。加快建立健全能够充分反映市场供求和资源稀缺程度、体现生态价值和环境损害成本的资源环境价格机制,将生态环境成本纳入经济运行成本。建立健全节能、循环经济、清洁生产监督体系。

四是加强生态环境保护监管。加强环境监管制度落实,完善重大项目和重大决策环境影响评价,严格实行节能评估审查、环评审批和水资源论证,利用现代技术手段,在线监测覆盖重点污染源,推行环境污染第三方监测评价机制。强化执法监督,构建权威统一的资源环境监管执法体系,强化对浪费能源资源、违法排污、破坏生态环境等行为的执法监察和综合惩治力度。

8. 注重绿色发展宣传教育

一是增强舆论引导和传播。充分运用电视、报刊、网络等媒体平台,加快绿色发展理念的宣传,及时、高效地公开宣传环保法律法规、重点环境问题整改和典型环境违法案件查处情况。同时,充分利用微博、微信等新媒体互动交流平台,加强线上互动、线下沟通,正确引导公众舆论。通过拍摄微电影、微视频、抖音短视频等宣传视频,充分利用网络平台多形式、多角度、多主题地加大宣传力度,广泛开展环保宣传活动,提高广大群众关注度,引导社会各界积极参与环境保护,努力营造环境保护人人有责的良好氛围。

二是推进各类专题教育。对区内企业和市民广泛开展宣传教育和知识普及。将生态文明教育纳入各类教育培训体系中,制定中小学环境教育读本,全面推进生态文明进教材进课堂,开展高校生态文明选修课程,开展党政干部生态文明教育和培训,使绿色发展理念深入人心。

三是积极促进公众参与。积极引导公众知行合一,自觉履行环境保护义务,开展年度生态文明建设公众满意度调查,搭建公众参与环境决策的平台。丰富和完善文明社区、文明市民等精神文明创建活动和各类主题志愿服务活动,加强社会正面风气引导。

四、构建绿色特色优势现代产业体系

坚持生态优先、绿色发展导向推进产业转型升级,加快调整优化产业结构,大力推进产业基础高级化、产业链现代化,构建多元发展、多极支撑的现代产业新体系。

(一)积极发展资源节约、环境友好型、生态保育型农牧业

坚持绿色兴农兴牧,深入推进农牧业供给侧结构性改革,促进农畜产品生产基地优质高效转型,增加优质绿色农畜产品供给,不断提升农牧业质量效益和竞争力。

一是优化农牧业区域布局。以水资源和环境承载力为刚性约束,推动农牧业生产向优势产区集中,形成粮食安全产业带和优势农畜产品产业带,提升农畜产品保障能力。落实"藏粮于地、藏粮于技"战略,在嫩江流域、西辽河流域、土默川平原、河套灌区等粮食生产功能区大力

建设高标准农田，强化盐碱地改良。坚持"农牧结合、为养而种""种养结合、以种促养"，加强种源、奶源和饲草料基地建设，推动肉牛、奶牛、肉羊、绒山羊向优势产区集聚，建设优质牧草种子基地，培育牧草新品种，提高牧草种子资源的自主性。推动草原畜牧业转型升级，发展生态家庭牧场和牧民合作社，推动标准化生产和草原品牌培育。

二是增加绿色农畜产品供给。构建粮经饲统筹、农林牧结合、种养加一体化、第一产业、第二产业、第三产业的产业融合的现代农牧业产业体系。优化种植结构，大力发展现代畜牧业，围绕奶、肉羊、肉牛、马铃薯、向日葵、饲草料等优势特色产业，推动第一产业、第二产业、第三产业的产业融合，打造全产业链发展模式，实现农牧业集群发展。同时，因地制宜发展蒙中药材、燕麦、荞麦等特色产业。建设绿色有机高端农畜产品生产加工输出基地，着力提升农畜产品精深加工水平。实施农牧业品牌提升行动，培育知名区域公用品牌。

三是完善农牧业服务体系。构建以农牧业科技园区、星创天地、科技特派员等为重点的基层农牧业科技服务体系，提升农牧业机械化水平。着力提升农畜产品质量安全监管能力。大力发展农畜产品仓储保鲜冷链物流，在特色农产品优势区、鲜活农畜产品主产区等建设分拣包装、冷藏保鲜、仓储运输、初加工等设施，提升农产品仓储保鲜能力和冷链流通率。

（二）推动工业高端化、智能化、绿色化发展

立足能源资源优势，推进延链、补链扩链，加快用高新技术和先进适用技术来改造传统产业和传统企业，在化工、冶金、装备、建材等行业推进数字化车间和智能工厂建设，推动工业高端化、智能化、绿色化发展。

一是稳步发展新型化工业。坚持绿色化、精细化、循环化导向，严格控制PVC、电石新增产能，适度发展煤制油、煤制气、煤制烯烃等煤

化工产业,鼓励发展氯醋树脂、氯化聚氯乙烯等特种树脂产品。强化化工产业延链、补链,推动煤焦化工、氯碱化工、氟硅化工产业链延伸融合,发展医药农药、煤基新材料、有机硅等产品。推进煤化工领域全国性工业互联网平台建设。

二是提升发展绿色冶金业。提升钢铁、有色金属技术装备水平,丰富终端产品种类,推动探、采、选、冶、加一体化发展。以现有铝产业为基础,延伸发展稀土铝特种合金、高品质铝合金焊丝、双零铝箔、高强高韧铝合金等高附加值产品。推动钢铁企业绿色化、智能化改造升级,大力发展超纯铁素体不锈钢、高品质轴承钢、金属靶材、高品质镁合金等特种合金产品。

三是改造发展绿色建材业。开发推广适用于装配式建筑水泥基材料及制品,严格控制水泥新增产能。推动玻璃生产企业进行技术改造升级,发展玻璃精深加工产业。发展以大宗工业固废为原料的高强、耐久、部品化烧结类墙体材料。发展非烧结类墙体材料、绿色保温材料,规范陶瓷原料开采,打造陶瓷产业集群。

(三)培育战略性新兴产业

立足产业资源、规模、配套优势,构建一批特色突出、结构合理的战略性新兴产业增长引擎。

一是加快发展新材料产业。以新材料引领新兴产业发展,对石墨资源进行保护性开发利用,做大石墨电极、碳纤维等碳基材料规模,建设石墨(烯)新材料生产基地。适度布局多晶硅、单晶硅及配套延伸加工产业,大力发展电子级晶硅,建设我国重要的光伏材料生产基地。发挥煤化工、氯碱化工、氟化工产业优势,积极发展先进高分子材料和复合材料。

二是大力发展现代装备制造业。着力培育先进制造业集群,推动装备制造技术信息化、网络化、智能化改造,提升装备制造配套能力。加快发展高端医疗设备、机器人制造、3D打印及应用产业，建设高档伺服系统、高精密减速器、驱动器等关键零部件及系统集成设计制造。推进光伏产业制造基地、风电装备制造基地、应急医疗装备生产基地建设。打造新能源汽车全产业链，推进运输设备和工程机械产品提档升级。积极发展先进化工、电力设备和农牧业机械制造产业。

三是积极发展节能环保产业。推进多领域、多要素协同治理，推广应用第三方污染治理，提升环境治理服务效能。促进环保产业向园区集聚、环保服务向中心城市集中。以形成环保产品为载体，加大环保材料及环保药品研发与生产。建设大宗固体废物综合利用、城镇废弃物回收处理及资源再生利用产业园区，加快建设农牧业节能节水技术综合利用基地、绿色建材生产基地。

四是培育发展通用航空产业。完善通用航空短途运输营运体系，推动运输服务便捷化，打通通用航空运输"最后一千米"。创新通用机场管控模式，探索建立一体化运行管理平台。建设临空经济产业园区。推动通用航空制造业发展，引入固定翼机型及其他航空器整机装配，加快配套发展精密加工、专用装备等航空关联制造业，建立通用航空维修体系。

五是扶持发展医药产业。推动原料药、医药中间体向高品质成品药和制剂转变，构建绿色化医药创新产业链，打造特色生物医药生产基地。建设以玉米淀粉为原料的国家级原料药基地，打造国家级蒙药研发基地和国际蒙药创新中心，加快建设一批现代化蒙药中药生产基地，形成蒙药中药产业链。

（四）发展现代服务业

推动生产性服务业向专业化和价值链高端延伸，推动生活性服务业向高品质和多样化升级，不断提升服务业发展能级和绿色发展水平。

一是加快发展生产性服务业。加快构建金融有效服务生态优先绿色发展的体制机制，发展多层次、专业化的草原金融，打造符合转型方向的现代能源金融，发展生态友好的绿色金融，推进激励创新和转型升级的科技金融。加快构建"通道＋枢纽＋网络"的现代物流运行体系，建立安全可靠的现代供应链体系，发展集约高效的现代物流服务体系，打造内联外通的现代国际物流体系，构建绿色流通链。积极发展科技服务业，鼓励科技咨询、研发设计、技术转移、创业孵化等科技服务机构发展，与"科技兴蒙"合作主体共建科技创新服务平台。加强专业化设计企业和中心建设，加快政府商务管理和服务向数据化、网络化、智能化推进，鼓励传统商贸企业与电子商务企业深度融合，建设电子商务共享云仓。大力发展会展服务业，培育发展国际化、专业化、贸易型会展，做强内蒙古国际能源大会、内蒙古乳业博览会、内蒙古绿色农畜产品国际博览会等品牌展会。

二是培育壮大生活性服务业。加快城市商业消费综合体布局建设，优化居住区商业、社区商业中心布局，差异化打造特色街区，建设集餐饮、教育、医疗、文化、体育、养老、托幼、家政、维修等生活服务于一体的便民服务中心。发展商贸综合服务中心、农畜产品批发市场、集贸市场、快件集散中心、农畜产品冷链物流。积极发展健康服务、母婴护理、病人陪护、家居保洁、物业管理等服务业态。

（五）鼓励发展新业态新模式

一是推进先进制造业与现代服务业深度融合。综合利用5G、物联网、大数据、云计算、人工智能、工业互联网等新一代信息技术赋能新制造、催生新服务，鼓励制造业企业以客户为中心，完善专业化服务体系，开展从研发设计、生产制造、交付使用到状态预警、故障诊断、维护检修、回收利用等全链条服务。围绕提升研发设计、生产制造、维护检修水平，拓展售后支持、在线监测、数据融合分析处理和产品升级服务。聚焦制造业与服务业深度融合发展，培育引进一批服务型制造解决方案供应商和咨询服务机构，推动建设面向服务型制造的专业服务平台和综合服务平台。

二是鼓励平台经济发展。支持传统龙头企业、互联网企业打造平台生态，提供信息撮合、交易服务、物流配送等综合服务，提升整合资源、对接供需、协同创新功能。建设跨产业的信息融通平台，促进农牧业全流程、全产业链线上一体化发展。支持工业互联网平台建设推广，发挥已建平台作用，为企业提供数字化转型支撑、产品全生命周期管理等服务。

三是支持分享经济发展。生活领域，鼓励共享出行、餐饮外卖、团购、在线购药、共享住宿、文化旅游等领域商业模式创新，发展生活消费新方式，培育线上高端品牌。生产领域，鼓励企业开放平台资源，共享实验验证环境、仿真模拟等技术平台，充分挖掘闲置存量资源的应用潜力。鼓励公有云资源共享，引导企业将生产流程等向云上迁移，提高云资源利用率。鼓励制造业企业探索共享制造的商业模式和适用场景，促进生产设备、农用机械、建筑施工机械等生产工具共享，开放专业人才、仓储物流、数据分析等服务能力。

四是促进体验经济发展。鼓励企业挖掘生产、制造、流通各环节的体验价值，发展个性化设计、用户参与设计、交互设计，提供大批量个性化定制服务。利用虚拟现实等新技术创新体验模式，发展线上线下新型体验服务。

五是推进服务业数字化。创新要素配置方式，推动服务产品数字化、个性化、多样化。有序发展在线教育，构建线上线下教育常态化融合发展机制，推广大规模在线开放课程等网络学习模式，推动各类数字教育资源共建共享。积极发展互联网健康医疗服务，进一步加强智慧医院建设，规范推广慢性病互联网复诊、远程医疗、互联网健康咨询等模式。鼓励发展便捷化线上办公，支持远程办公应用推广，打造"随时随地"的在线办公环境，在部分行业领域形成对线下模式的常态化补充。鼓励发展智慧旅游，推动旅游景区建设数字化体验产品，丰富游客体验内容，提升旅游消费智能化、便利化水平。大力发展智能体育，培育在线健身等体育消费新业态。鼓励发展无接触消费模式，探索发展智慧超市、智慧商店、智慧餐厅等新零售业态。鼓励实体商业通过直播电子商务、社交营销开启"云逛街"等新模式，加快推广农产品"生鲜电子商务＋冷链宅配""中央厨房＋食材冷链配送"等服务新模式。

（六）提升产业链供应链现代化水平

按照补短板、锻长板要求，构筑安全可靠有韧性、动态平衡有活力的产业链供应链体系。

一是推动产业链供应链融通创新。聚焦产业链供应链薄弱环节，加强重点生产环节和关键材料、关键零部件、关键生产工艺的技术研发，打通产业链供应链淤点、堵点，促进各区域、各部门、各产业、各环节间畅通，提高供给体系与国内需求的适配性。以数字化赋能传统优势产业，将数字化智能化技术深度融入研发设计、物流供应、生产制造、消费服务各环节，促进产业线上线下循环。加快布局战略性新兴产业和以智能经济为代表的未来产业，推动产业链供应链数字化、网络化、智能化转型升级。挖掘产业结构梯次转移的空间潜力，积极吸引国内外高端产业链落户内蒙古。强化产业基础再造和产业链提升，大力引进产业链缺失项目和产业链升级项目，进一步完善产业链、供应链。

二是推进产业链创新链深度融合。加强科技创新和技术攻关，围绕产业链部署创新链，围绕创新链布局产业链。构建特色产业生态系统，引导龙头企业主动发起、中小型创业企业积极参与，培育大中小企业共存的"1＋N"产业生态系统。大力推进制造业服务化，积极发展服务型制造，分行业、分批次、分区域推进制造业服务化试点，推动产业链创新链融合发展。引导土地、原料、能源、资金、劳动力、技术等要素资源集聚，保障产业链企业建设需求。

五、建设现代能源经济示范区

做好现代能源经济这篇文章是习近平总书记对内蒙古提出的重大命题。现代能源经济是能源、经济和生态有机融合的一种新型发展模式，发展现代能源经济是实现生态优先、绿色发展为导向高质量发展的内在要求。建设现代能源经济示范区，要全面落实习近平总书记提出的"四个革命、一个合作"能源安全新战略，以供给侧结构性改革为主线，改变"挖煤卖煤、挖土卖土"的粗放型资源开发模式，围绕打造现代能源供给体系、消费体系、产业体系、网络体系、创新体系、环保体系、合作体系来全面构建多元发展、多极支撑的现代能源经济体系，推动能源经济实现质量变革、效率变革、动力变革，以最少的资源消耗、环境污染代价实现最大的经济社会发展效益。

（一）创新能源供给方式，建设现代能源供给体系

1. 建设现代煤炭供应系统

按照科学布局、绿色开发、安全高效的原则，以煤炭供给侧结构性改革为主线，统筹资源禀赋和环境承载力，着力构建集约、高效、智能、安全、绿色的现代煤炭工业体系。

一是优化生产开发布局。科学有序开发蒙西地区煤炭资源，合理安排新建煤矿项目，有序推进鄂尔多斯地区煤炭资源开发，优化开发阿拉善、乌海、包头地区煤炭资源。优化发展蒙东地区煤炭资源，严守"三线一单"要求，重点在锡林郭勒、呼伦贝尔等地区建设大型煤矿。

二是加快结构优化升级。运用市场化、法治化办法淘汰关闭一批、减量重组一批、减量置换一批、依规核减一批煤矿，坚持去产能与发展先进产能相结合，通过实施减量置换、兼并重组、产能核增、减人提效

等方式建设符合先进产能标准的煤矿。

三是大力建设绿色矿山。积极推进绿色开采，推广应用充填开采、保水开采、无煤柱自成巷等技术。提高资源综合利用水平，进一步提高原煤入选比重，促进煤炭与共伴生资源综合开发与循环利用，提高煤矸石、煤泥、矿井水、煤矿瓦斯等综合利用水平。加大矿区生态环境治理修复力度，探索资源枯竭井、露天坑生态修复，地下空间综合利用，发展采煤沉陷区光伏。

四是积极推进智能矿山建设。进一步提高机械化开采水平，应用物联网、大数据和云计算等现代信息技术和煤矿智能装备，对现有生产煤矿进行智能化改造，实现生产全过程一体化调度及智能监控，大幅提高全员工效，逐步进入智能化无人开采时代。

2. 建设智能化电力供应系统

以市场需求为导向，优化煤电开发布局，合理确定发展规模，强化生态环境约束，加快结构转型升级步伐，提高煤电一体化比重，提升煤电清洁高效发展水平，坚持采用先进的能耗、水耗、排放标准，着力构建安全高效、绿色低碳、多能互补的现代电力产业体系，把内蒙古打造成为世界一流的现代化清洁煤电供应基地。

一是打造新型现代化电力输出基地。西部地区主要依托鄂尔多斯煤炭资源，建设面向华北、华东、华中的煤电一体化坑口项目；中部地区主要依托锡林郭勒现有煤炭产能，建设面向华北、华东的煤电一体化项目；东部地区主要依托呼伦贝尔现有煤炭产能，建设面向东北、华北的煤电一体化项目。

二是构建高效清洁自用煤电供应体系。在资源富集地区建设大容量高参数坑口煤电项目，在用电负荷集中地区因地制宜发展负荷配套煤电项目，在电网末端地区建设支撑电源项目，积极推进热电联产项目建设，满足民生供热需求。

三是推进清洁高效智能发展。利用国际国内先进煤电技术，推广应用高效超超临界等技术，进一步提高能效水平，建设高效煤电。运用现代数字信息处理和通信技术，集成智能传感与执行、智能控制和管理决策等技术，以管控一体化、大数据、云计算、物联网为平台，打造安全、高效、环保运行并与智能电网相互协调的智慧电厂。

3. 建设多元化油气供应系统

推动并参与常规油气资源勘探开发，加大页岩气、煤层气等非常规油气资源开发利用，加快推进天然气产供储销体系建设，稳步发展煤制清洁燃料，建设国家煤制清洁燃料产业示范基地。

一是稳步扩大石油天然气生产规模。强化二连、海拉尔两个盆地的勘探开发，稳定石油产量，加大银额盆地、河套盆地和巴彦浩特盆地等盆地勘探力度。加大鄂尔多斯盆地天然气勘探开发力度，扩大天然气（致密气）生产规模。

二是加强非常规油气资源勘探开发利用。在鄂尔多斯、乌海和阿拉善地区推进煤层气勘探开发试验示范，积极探索页岩气规模化商业生产模式。

三是打造煤制清洁燃料产业示范基地。坚持创新驱动、量水而行、集约发展，加快煤制油、煤制气等煤制清洁燃料自主创新和产业化步伐，推动重大示范项目建设，不断增强产业竞争力和抗风险能力。

4. 建设规模化可再生能源供应系统

坚持区内消纳与外送并举、集中开发与分布开发相结合，做大做强可再生能源产业，建设大规模可再生能源外送基地，拓展本地消纳能力。

一是大力推动风电规模化发展。依托现有的锡盟—江苏、锡盟—山东、上海庙—山东、扎鲁特—山东等外送通道建设大规模风电基地，在乌兰察布、阿拉善、包头、呼伦贝尔等地区建设外送风电基地，扩大风能资源的配置范围。在包头、乌兰察布、鄂尔多斯、通辽等电力负荷中心建设以自用消纳为主、直接接入工业园区的风电项目，推广实施风电清洁供暖，多途径增加区内风电消纳能力。

二是全面推进太阳能多元化开发利用。以区内消纳为主、外送为辅，利用荒漠戈壁区域、矿山废弃地、沉陷区等建设地面光伏电站，鼓励工业企业、大型公建和城市农村屋顶安装分布式光伏发电系统，结合乡村振兴战略，鼓励企业在农村牧区创新各类"光伏+"开发建设模式。

三是因地制宜发展生物质能。结合内蒙古农林生物质资源分布特征，建设农林生物质热电联产项目，示范推进生物质气化蒸汽联合循环发电。在农村牧区利用秸秆、动物粪便等建设沼气项目，提高农村优质能源利用，适度发展沼气液化，作为天然气的补充资源。在蒙东等玉米主产区，以超期超标粮食和农林废弃物等为原料，适度发展生物质燃料乙醇。

四是加快地热能资源开发利用。结合和林格尔新区、河套盆地等大型地热田资源，积极推进中深层（水热型）地热供热"只取热，不取水"、无污染、可持续供热技术升级与应用推广。不断提高浅层地温能在城镇建筑用能中的比例，优先发展再生水源热泵，积极发展空气源热泵，适度发展土壤源热泵和地下水源热泵。

（二）推进能源清洁高效利用，建设现代能源消费体系

1. 控制能源消费总量

一是强化能源消费总量和强度"双控"。合理控制高碳能源消费增量，实施煤炭等量减量替代工程，鼓励可再生能源消费，扩大天然气替代规模。强化源头控制，把节能审查作为"双控"的重要手段，对高耗能产业和产能过剩行业实行能源消费总量控制约束，对其他产业按先进能效标准实行能耗强度约束。

二是加强重点用能单位能效管理。推动用能单位加强全过程和各环节用能管理，加快能源管理体系、能源计量体系建设，严格执行能源统计、能源利用状况报告等制度，推广能耗在线监测系统。促进重点用能单位节能管理持续改进，节能技术持续进步，能效指标持续提升。

三是探索建立用能权有偿使用和交易制度。推进用能预算化管理，保障优质增量用能，淘汰劣质低效用能，坚持节约用能，推动用能管理科学化、自动化、精细化。培育用能权交易市场，开展用能权有偿使用和交易试点，研究制定用能权管理的相关制度。

2. 创新优化能源消费模式

一是打造中高级能源消费结构。加快用高新技术与先进适用技术改造提升传统产业，提高准入标准，降低能耗水平，加快战略性新兴产业和服务业发展，推动产业低碳化、高端化发展，培育现代制造业、大数据中心、新能源汽车等新的用能增长点。

二是积极推进电能替代。加快淘汰污染严重、能耗高的燃煤工业锅炉、窑炉等设施，推进电锅炉、电窑炉等设施的应用。积极推广热泵、电采暖、电锅炉，逐步推广太阳能发电与建筑一体化。减少煤炭在城乡终端用户的直接燃烧。

三是多措并举推进散煤综合治理。加大高效锅（窑）炉推广力度，推进工业锅炉、炼焦炉、建材窑炉节能环保改造。多种途径推动优质能源替代终端分散用煤，有序推动煤改气、煤改电、洁净型煤和可再生能源替代步伐，逐步实现大中城市无煤区，中小城市多种途径推进清洁能源替代散煤，降低煤炭的终端分散利用量。

四是强化能源需求侧管理。加强对用户用能信息的采集、监控与分析，培育用户侧智慧用能新模式。完善能源价格形成机制，推进电、气等能源价格联动，合理设置需求侧用电峰谷价格比，科学引导电力、天然气用户自主参与调峰、错峰。积极推行合同能源管理、综合节能服务等市场化机制和新型商业模式。

五是加快电动汽车充电设施建设。加快建设公交、出租、环卫和物流等公共服务领域，以及居民区与单位停车位、社会停车场所等充电基础设施，适时推进区内高速公路充电基础设施建设。做好充电设施规划与配电网规划的衔接，加强充电设施配套电网建设与改造，打造适度超前、互联互通、智能高效的充电设施服务网络。

3. 深入推进节能降耗

一是大力推进高耗能产业节能降耗。实施更加严格的能效和排放标准，对钢铁、电解铝、建材等高耗能行业进行节能改造升级，新增产能主要耗能设备能效达到国内先进水平。深化传统煤化工、石化装置能量系统优化技术、化工固体废弃物资源利用技术等关键节能共性技术的研发攻关及应用示范。建立以节能标准促进高耗能行业能效提升的倒逼机制，督促用能单位执行单位产品能耗限额标准，引导执行推荐性节能标准。

二是充分释放建筑节能潜力。大力发展绿色建筑，增加节能建筑比例。加快既有建筑节能和供热计量改造，实施公共建筑能耗限额制度，对重点城市公共建筑及学校、医院等公益性建筑进行节能改造，推广应用绿色建筑材料，大力发展装配式建筑。全面优化建筑终端用能结构，大力推进可再生能源建筑应用，推动农村建筑节能及绿色建筑发展。

三是全面构建绿色低碳交通运输体系。倡导绿色出行，全面发展公共交通和慢行交通。统筹油、气、电等交通能源供给，积极推动油品质量升级，倡导发展第三方物流，提高交通运输系统整体效率和综合效益。

（三）适应能源市场供求关系变化趋势，建设现代能源产业体系

1. 多元发展煤基产业

以煤炭清洁高效利用为导向，以产业升级示范为主线，彻底改变传统挖煤卖煤粗放型开发模式，加强自主创新能力，实现煤基产业高端化、绿色化、智能化发展。蒙西地区主要发展差异化方案的煤制烯烃和精细化工品，重点建设煤制聚酯材料生产基地。蒙东地区开展褐煤分质利用等清洁高效综合利用示范。

一是积极发展煤基精细化工。在煤制烯烃、芳烃的产业发展基础上，鼓励推动烯烃、芳烃等现代煤化工产品向下游延伸，进一步发展区域市场短缺的化工原料、精细化学品及化工新材料等，进一步提高煤基产品附加值。

二是延伸传统煤化工产业链。发挥传统煤化工、氯碱化工、氟化工产业优势，推动产业链延伸和关联产业耦合，以总量控制为前提，升级改造传统煤化工产业，提高传统煤化工产品附加值，拓展甲醇、电石、焦炭、焦炉煤气和煤焦油深加工新产品领域。

三是推动低阶煤分质利用示范。研发清洁高效的褐煤热解技术，开发热解—气化一体化技术和热解—燃烧一体化技术，配合中低热值燃气轮机或适应性改造后的燃煤锅炉，加快推进半焦就地转化综合利用的产业化进程。

2. 积极延伸煤电用产业链条

一是集约集聚发展煤电铝产业。蒙东依托通辽煤炭资源、优质铝土矿进口区位优势和局域电网多能互补运行优势，建设通辽煤电铝循环经济基地。蒙西发挥包头、鄂尔多斯等地区的铝产业加工优势，主动承接电解铝产业转移，推动煤电铝产业延伸。

二是延伸金属冶炼产业链条。以包头、通辽铝产业为基础，发展稀土铝特种合金、高品质铝合金焊丝、双零铝箔、高强高韧铝合金等高附加值产品。培育赤峰铜产业、乌拉特后旗铜铅锌加工、西乌旗铜铅锌产业等金属冶炼延伸加工产业集群。

三是加快发展现代能源装备制造业。顺应新能源汽车发展趋势，打造涵盖动力电池、电机、电控系统、动力总成、配套零部件及整车研发生产的新能源汽车全产业链，建设重要的区域性新能源汽车生产基地。依托现有产业基础，积极引进优势企业和先进技术，做大做强新能源装备制造产业，重点建设风机关键设备制造生产线，提高大容量、高效率风电发电设备整机生产能力。壮大太阳能电池组件制造产业，提升大型光伏电站设备自给率，推进光伏全产业链建设。

四是重点发展新材料产业。加强稀土资源保护，加大资源开发整合和储备力度，加快稀土关键应用技术研发和科技成果产业化，提高稀土开发利用水平。发挥能源优势，扩大多晶硅、单晶硅产能规模，加快向太阳能光伏组件产业链延伸。积极参与关键技术攻关，加大技术引进和应用力度，做大石墨电极等碳基材料生产规模，推动石墨（烯）新材料产业化发展。

3. 大力培育能源发展新业态新模式

一是推动"互联网+"智慧能源系统建设。提升能源智慧化管理水平，推动不同能源市场主体间的良性互动，建立设备智能、多能协同、交易开放的智慧能源网络。实施能源生产和利用设施智能化改造，开展基于电动汽车、智慧用能、绿色能源灵活交易、行业融合等能源互联网试点示范，探索建设能源互联网综合示范区。支持有条件的盟市先行先试，搭建城市智慧能源系统，打造智慧能源城市。

二是建设多能互补创新示范区。利用风能、太阳能、煤炭、天然气等资源的组合优势，充分发挥火电机组灵活调峰能力，推广新能源电力、储能、地热能等能源生产耦合集成应用，建立多能互补的能源供应系统。配套建立健全电力调度、市场交易和价格机制，开展多能互补系统一体化运行。

三是推进终端一体化集成供能系统建设。加强热、电、冷、气等能源生产耦合集成和互补利用，鼓励在有条件的产业聚集区、工业园区、商业中心、交通枢纽等地建设终端集成供能工程，提升能源系统效率。加强新增用能区域终端供能系统统筹规划和一体化建设，推进既有集中用能区域能源综合梯级利用改造，加强能源资源回收及综合利用。

四是加快培育能源金融业。建立现代能源产业发展基金，引导社会资本参与能源基地建设和能源产业转型升级。组建内蒙古能源发展银行，实现能源产业资本与金融资本优化聚合，促进能源产业与金融业良性互动、协调发展。开拓能源保险服务业，培育和引入新的保险市场主体，扩大能源产业保险覆盖面。

（四）畅通能源输送通道，建设现代能源网络体系

1. 加快电力网络建设

一是打造高比例可再生能源综合外送通道。加快现有特高压外送通道配套可再生能源接入工程建设，加快推进乌兰察布新能源基地外送通道建设，围绕呼伦贝尔、鄂尔多斯、包头、阿拉善、赤峰等资源富集地区，打造高比例可再生能源综合外送通道。

二是建设坚强的区内主干电网。蒙西电网进一步向东、西部延伸，加强锡林郭勒、阿拉善地区电网末端与主网的联系，形成"四横五纵"主干网。蒙东电网依托扎鲁特—山东青州特高压输电通道建设覆盖蒙东四盟市的统一的500千伏主网架，完善末端边远区域电网延伸。

三是加快完善现代化智能输配电网。遵循统筹规划、适度超前原则，建设广泛互联、智能互动、灵活柔性、安全可控、开放共享的新一代智能输配电系统。

四是加强电力系统调峰能力建设。挖掘现有电力系统调峰潜力，优化电力调度运行方式，深度开展现有煤电机组灵活性改造，提高整个电力系统的灵活性、适应性和安全性，大力提升电力系统消纳风电、太阳能发电等间歇式可再生能源的能力和效率，逐步提高电力系统消纳可再生能源比重。

2. 加强油气管道建设

一是加快天然气管网建设。依托国家西气东输、北气南下大通道和区内天然气、煤制气资源，按照就近供应的原则，加快区内天然气管网建设。重点建设区内天然气干线和支干线管道，加强供气干线与气田、跨境跨省管网、煤制天然气多气源互联互通，逐步提高天然气管网覆盖

率和供气保障能力。蒙西地区重点将天然气管网向旗县延伸，蒙东地区按照先干线后支线原则着力填补管网空白。

二是配合国家跨境跨省油气战略通道建设。配合国家推进中俄油气管道建设，充分利用中俄东线天然气管道向蒙东地区供气。结合鄂尔多斯盆地天然气资源开发和全区煤制油气项目建设，积极推进煤制油、煤制气配套外输管线建设，建设蒙西煤制油外输管线、鄂尔多斯—安平—沧州输气管道、蒙西煤制天然气外输管道等。

三是加强配套储气设施建设。建立政府储备和企业储备有机结合、互为补充的多层次储备体系，鼓励社会资本参与储备设施投资运营，积极建设液化天然气储气库、储气罐和压缩天然气等储气设施。

四是加强油气管道安全监管。充分运用新一代信息技术对管道实施精准监管，形成多方位监测监控、多数据分析预判、多部门联合监督的信息化监管体系，确保管道安全稳定高效运行。

3. 完善煤炭运输体系

一是加快出区煤炭运输通道建设。根据煤炭生产布局，进一步完善区内铁路网规划，扩大鄂尔多斯重点矿区的铁路外运能力，开辟锡林郭勒基地外运新通道，提升全区煤炭运输效率。

二是重点打造区内集疏运系统。有序推进全区煤炭集运站及化工、物流园区铁路专用线的配套建设，提高铁路专用线接入比例。

（五）紧跟世界能源技术革命新趋势，建设现代能源创新体系

1. 加快技术创新应用

一是加强煤炭清洁高效综合利用技术研究。加强煤制油、煤制气及煤炭分级分质转化技术创新，重点研究先进煤气化、大型煤炭热解、高温费托合成、大型甲烷化、高效酚氨回收、煤化工高效催化剂体系和先进反应器等技术。实现煤化工产业废水"零排放"，解决工业废盐再利用问题。

二是加快智能电网技术创新应用步伐。应用先进的互联网、云计算、大数据技术，加快开展智能电网技术研究应用，推广智能变电站建设，提高电力系统智能化水平，提高供电质量、供电水平和可再生能源消纳水平。研究现代电网源网荷储协调智能调控技术，开展大规模可再生能源和分布式发电并网关键技术研究示范。

三是推动先进储能技术应用示范。开展发电侧和电网侧储能技术应用，大幅提高电网消纳可再生能源比重和电网安全运行水平。研究应用太阳能光热高效利用高温储热技术、分布式能源系统大容量储热（冷）技术、区域微网储能系统、推进新型风电储能材料、大规模超临界空气储能系统、飞轮储能装置及系统集成、电动汽车应用的储能技术研发及产业化应用。

四是积极推进氢能制备与利用技术研发。研究应用褐煤制氢、利用弃风弃光电解水制氢、新一代煤催化气化制氢技术。研究利用氢能制造燃料电池技术，发展具有自主知识产权的储氢材料，推广氢能在新能源汽车产业示范应用。

五是开展二氧化碳利用及封存技术引进吸收。在大力发展煤基产业的同时，引进二氧化碳捕集利用封存等先进技术，大幅减少二氧化碳排放。研究碳捕集与石油、天然气开采耦合发展技术。

2. 提升技术装备水平

一是加大煤炭绿色开采技术推广应用。加强煤炭智能化工作面、地下气化等技术和井下采选充一体化、绿色高效充填开采、保水开采、无煤柱连续开采等技术的推广应用，提升煤炭开采效率和智能化水平。

二是积极采用先进燃煤发电技术。围绕大型煤电基地建设，重点抓好高效低碳节能环保技术推广，积极发展新型煤基发电技术。

三是提高可再生能源装备技术水平。风力发电方面，建设风电基地及多能互补示范项目，加快大规模风电并网接入及分布式风电接入、风电逆变系统数字化实时控制、风能实时监测与评估等技术研发与产业化应用。太阳能发电方面，采用高效晶体硅、薄膜电池等技术，提高光伏电站效率；研究建设大型太阳能热电联供系统、大型风光热互补电站，实现太阳能综合梯级利用。生物质能利用方面，加大生物质燃料发电、垃圾焚烧发电、生物质气化供热发电技术研发应用。

3. 推动能源体制机制创新

充分发挥市场在资源配置中的决定性作用，更好发挥政府作用，在能源管理体制、市场化配置资源机制、价格形成机制等重点领域和关键环节改革创新，探索一条适合内蒙古现代能源经济发展的新路径。

一是优化能源资源配置模式。减少能源开发行政干预，让市场在资源配置中发挥决定性作用，逐步放开竞争性领域，放宽能源领域市场准入，积极支持民营经济进入，推动投资主体多元化，还原能源商品属性，建立统一、开放、竞争、有序的现代能源市场体系。统筹优化煤炭、煤层气等资源配置，提高资源利用率，推动煤炭矿业权人和煤层气矿业权人合资合作、互相参股，形成勘探共享、开采协调的共赢局面。

二是理顺能源价格形成机制。鼓励煤电化企业自主签订长期协议，建立价格联动机制，合理控制能源产品价格。推动煤炭期货市场发展，提高区域能源定价话语权，扩大内蒙古能源市场影响力。探索建立市场化可再生能源补贴和辅助服务补偿机制。

三是深入推进电力体制改革。继续深化输配电价改革，探索建立适合地区资源禀赋、产业布局、工业体系和电源电网结构及地区分布特点的输配电价形成机制和核定体系。深入推进区内电力市场建设，扩大市场主体范围，丰富市场交易品种，开展电力现货交易，建立辅助服务分担共享新机制，构建"开放、竞争、公平、有序"的电力市场。积极推进售电侧改革，向社会资本有序放开售电业务，多途径培育售电市场竞争主体，鼓励创新服务。按照有利于促进配电网建设发展和提高配电运营效率的要求，鼓励社会资本投资增量配电业务，积极稳妥开展增量配电网业务改革。鼓励可再生能源参与市场竞争，开展风电等可再生能源与煤电企业、电力用户、抽水蓄能、储能等调峰设施开展直接交易。按照"自发自用、余量上网、电网调节"的运营模式，积极开展分布式电源项目的各类试点和示范，促进可再生能源分布式发展和就近消纳。

四是加快推进石油天然气体制改革。鼓励多元主体参与油气勘探开发，加大油气勘探开发资金投入，严格执行油气勘查区块退出机制，制定合理的矿业权转让标准政策，多措并举盘活储量存量。改革油气管网运营和建设机制，推动各类主体、不同气源之间天然气管道实现互联互通。推进油气管道管输和销售分开，支持和鼓励社会资本，特别是民营资本参与油气基础设施投资、建设、运营。构建多层次储备体系，加强储气设施建设，建立完善政府天然气储备、企业社会责任储备和企业生产经营库存有机结合、互为补充的储备体系。

4. 加强创新能力建设

一是坚持政策引导。健全能源产业政策，增强市场主体创新动力。深化科技对外开放，广泛开展科技合作；培育区内具有国际竞争力的创新型领军能源企业，促进企业真正成为技术创新决策、研发投入、科研组织和成果转化的主体；建立自治区高层次能源创新决策咨询机制，加强智库建设与学科体系建设，统筹推进基础性、综合性、战略性能源科技研发；鼓励开展跨学科研究，促进学科交叉与融合，提升内蒙古能源战略、能源科技等综合运筹能力。

二是加快人才培养。依托大型能源骨干企业、高校和科研院所，联合建立一批国家重点"产—学—研—用"一体化实验室、工程中心等能源技术联合创新人才培养基地。在现有大学中集中力量打造能源专业学科，试点建设内蒙古能源大学。吸引引进能源领域高层次人才，设立院士工作站，多层次培养能源产业发展急需的专业技术人才和技能人才，形成国内一流的能源领域科研团队和工程技术专家队伍。健全完善科技人才培养、支持、评价与激励机制，建设梯次完备的能源科技人才队伍。

三是优化创新环境。营造良好的政策环境与科研学术环境，开展创新平台资源共享；探索建立自治区能源科技创新基金，提高科技创新投入水平，支持重大专项课题研究和推广；建立健全能源技术创新成果转化、知识产权保护、标准化等机制，保护创新主体的知识产权。

（六）以生态优先、绿色发展为导向，建设现代能源环保体系

1. 严格控制能源产业用水总量

一是执行最严格的水资源管理制度。坚守水资源管理"三条红线"，以水定产，量水而行，合理确定能源产业布局和建设规模。严重缺水地区原则上不布局煤制油、煤制天然气等煤化工产业。在煤炭开采、煤炭洗选、燃煤发电、煤制油、煤制天然气等产业中，控制用水总量。

二是大力推进节水技术改造。制定能源行业节水强制性标准，大力推广低耗水、高度节水煤电和煤炭深加工工艺技术。燃煤电厂、煤化工生产用水水源应优先取用矿井水和再生水，严格控制使用地表水，严禁使用除矿井（坑）排水以外的地下水。大力发展膜技术为基础的水处理产业，研究区域水资源循环再生利用技术。

2. 执行最严格的污染物排放标准

一是加大煤基产业治污减排力度。煤电行业方面，新建煤电机组全部达到超低排放标准要求，加快完成现役煤电机组超低排放改造，研究推进大气污染物联合协同脱除，减少三氧化硫、汞、砷等污染物排放。煤化工行业方面，加强废水深度处理，优先对高浓度含盐废水进行分盐处理，废水处理产生的无法资源化利用的盐泥按危险废物进行管理。

二是加强资源综合循环利用。促进煤与共伴生资源综合开发与循环利用，提高煤矸石、煤泥、瓦斯、电厂粉煤灰、脱硫石膏、矿井水等资

源综合利用率。完善和落实有关鼓励固体废物综合利用和处置的优惠政策，拓宽废物综合利用领域。以高铝粉煤灰提取氧化铝为核心，对中西部高铝煤炭资源进行高效利用。加强水污染防治与资源化利用技术，尾矿渣、粉煤灰等综合利用深加工技术等，推广资源综合集成、高效污染防治新技术应用。

三是强化能源化工园区污染综合防治。能源化工园区实行工业废水、生活污水、固体废物集中处理，集中供热，创建一批国家级循环化改造能源化工示范试点园区。制定地下水污染监控和应急措施，强化环境风险防范。

3. 强化矿区生态恢复治理

大力推进采煤沉陷区综合治理，加强鄂尔多斯、乌海等地区井工煤矿采煤沉陷区地质环境修复治理。探索利用采煤沉陷区、废弃煤矿工业场地及周边地区发展风电、光伏、现代农业、林业等产业。研究采煤沉陷区生物多样性保护技术，开展矿区复垦、采矿塌陷区生态修复等关键技术研究与应用示范。建立多部门联动生态环境修复治理监管机制，严格草原征占地预审制度，建立矿山生态环境修复治理基金，制定露天矿生态修复治理效果评价体系。全面统筹推进呼伦贝尔、锡林郭勒、霍林河等草原区露天矿损毁土地复垦和草原生态环境修复，建设国家露天煤矿生态环境恢复治理示范区。

（七）坚持合作共赢，建设现代能源合作体系

1. 深化国际能源合作

一是推进中蒙俄能源走廊建设。加大跨境输电线路建设的步伐，推进与蒙古国南部电网实现多点联网。加快推进中俄油气管道互联互通，充分利用中俄东线天然气管道向蒙东地区供气。建设一批连接蒙古国南部重点矿区、产业园区、主要城市和俄罗斯毗邻城市的重大铁路、公路

和机场项目,进一步发挥口岸优势,推动俄蒙两国进口煤炭在口岸工业园区高效清洁利用。

二是推进能源产能合作。鼓励和支持自治区企业参与俄蒙煤炭、油气等传统能源资源勘探开发合作,联合建设境外能源加工基地,积极探索推广"境外初加工+境内精深加工"的跨境加工模式。加强能源国际产能合作,积极推动自治区企业赴俄蒙等国投资建设风能、光伏发电等项目,以能源国际合作为契机带动能源技术装备出口。

三是拓宽能源合作领域。深度融入全球能源产业链、价值链、物流链。引进世界先进技术,采用多种合作方式,加强能源技术装备与工程服务等国际合作,以促进重点技术消化吸收再创新为主,鼓励以多种方式参与境外重大项目建设,重点在传统化石能源清洁高效利用、新能源大规模开发利用、能源互联网、大规模储能技术、火力发电、碳捕集与封存、整体化煤气联合循环发电等领域开展技术引进与合作。

2. 加强国内能源合作

一是深化与周边地区的能源合作。建立与京津冀、东北三省、晋陕宁等周边地区全方位能源合作及沟通协商机制,协调解决跨省份能源基础设施建设、区域协调发展等重大事项。主动融入华北、东北经济圈,重点推进清洁能源输出基地建设,完善电网和油气管道互联互通,提高清洁能源输出能力。配套加强与周边地区在口岸、公路、铁路、管道等基础设施建设方面的合作,形成联通沿海港口、沿边口岸与内陆腹地高效对接的综合能源输送网络。

二是积极拓展与东部发达地区合作。坚持市场主导、资源互补、互利共赢原则,加强与华东、华中地区在能源资源开发、项目建设、资金技术、基础设施等方面的合作,增加向华东、华中地区输送电力和天然气等清洁能源。加强与东部发达地区在科技、人才、技术等方面的合作,以能源装备、技术、金融等领域为重点,构建区域间协作发展新机制。

六、打造北方数字经济新高地

深入落实网络强国、数字中国战略，培育壮大数字经济，推动生产方式、生活方式和治理方式数字化变革。

（一）提升数字基础设施支撑能力

1. 完善网络基础设施

扩容升级骨干网和本地城域传输网络，提升网络传输承载能力和网间互通能力。加强农村牧区光纤、广播电视网络建设，缩小城乡牧区数字鸿沟。加大5G网络建设，逐步实现盟市旗县主要城区、重点乡镇、产业园区全覆盖。加快工业互联网平台和标识解析二级节点建设，推进物联网设施部署，加强物联网基站建设与信号覆盖，为"万物互联"提供基础支撑。加快全域数据中心、政府服务网站等关键基础设施和重要应用的IPv6升级改造。

2. 建设应用基础设施

充分利用现有大型数据中心资源，整合改造规模小、效率低、能耗高的分散数据中心，引导互联网企业、电信运营商与电力企业协同合理布局大型、超大型数据中心，形成东中西合理布局的绿色数据中心体系。推动数据中心转型升级，向云数据中心方向发展，形成在云计算基础设施服务领域的领先优势。建设内蒙古高性能计算公共服务、东方超算等平台，提供高性能、易获取的多样性算力。

3. 布局试验基础设施

发挥内蒙古地域辽阔、地广人稀优势，聚焦智能网联汽车、无人驾驶、无人机等重点领域大力建设试验场地基础设施，为全国相关研究机构和企业提供性能试验、可靠性试验以及试验场地数据采集、存储和分析等服务。

（二）加快推动数字产业化

充分发挥内蒙古大数据中心先行发展优势，持续增强数据这一战略性资源的集聚和利用效率，以数据采集、数据存储、数据分析挖掘、数据可视化、数据交换交易等业务为重点，发展数据存储、数据加工处理、数据流通交易等数字资源型产业，同时发展高性能计算机、网络设备、数据采集产品以及大数据一体机等大数据硬件产品制造，依托数据中心基地和产业基础较好的园区或集聚区，建设一批大数据产业园区，培育大数据产业集群，形成大中小企业相互支撑、协同合作的大数据产业生态体系。加大面向能源、化工、冶金、生物医药、新材料、装备制造等优势特色产业的计算机辅助设计与仿真、制造执行系统等软件产品和应用解决方案的研发，推进北斗芯片、终端及上下游产品研发及产业化，积极推动人工智能、区块链研发中心和产业创新中心建设。

（三）深入推进产业数字化

一是农业数字化方面，加快发展特色数字农牧业，建设农业物联网，推动智能化、自动化成套装备技术在节水灌溉、测土配方施肥、农机定位耕种、饲料精准投放、疫病快速诊断等方面集成应用，实现实时监控、精准管理、远程控制和智能决策。积极培育农牧业数字化新业态，推动"互联网+"现代农牧业，实现资源全域化整合、全链条增值，鼓励规模新型农牧业经营主体与电商企业合作，推进农畜产品网络销售。

二是工业数字化方面,加快大数据、物联网等信息技术在制造业中的深度集成应用,提升工业装备的数控化率和智能化水平,推进生产全过程智能化,积极打造"数字工厂""数字车间"及数字化制造单元。构建跨行业跨领域、具备海量数据服务的工业互联网平台,为企业制造资源泛在连接、弹性供给、高效配置提供服务,鼓励企业上云,推进工业智能化升级。同时积极培育工业数字化新模式新业态,依托包头国家级制造业协同创新平台探索网络协同制造新模式,推动钢铁、稀土、化工、装备等行业开展服务型制造新模式。加快推进工业园区智慧化建设,实现企业运行数据采集、安全环保在线监控、突发事件应急响应、交通物流协调调度、入园企业综合服务等数据应用功能,将工业互联网、人工智能、5G应用场景等汇集园区。

三是服务业数字化方面,推进数字技术与商贸、物流、金融、研发设计等领域融合,促进生产性服务业高端化、专业化。推进数字技术与生活性服务业融合,发展草原智慧旅游、数字家庭服务、智慧健康服务、数字文化创意等产业,加强大型医疗设备、医用机器人、生物三维打印和可穿戴设备等推广应用,深入推进城乡电子商务发展,促进生活性服务业便利化、精细化、品质化。加快分享经济发展,积极培育数字化、网络化的现代服务新业态,形成数字消费"新蓝海"(郭启光,2019)。

(四)构建数字经济创新体系

1. 加强数字技术产品研发

以应用为导向,围绕重点领域和关键环节,加强基础技术研究,突出应用技术和产品研发。发挥企业创新主体作用,整合产学研用资源,加强与国内外科研机构和企业的合作,联合开展技术攻关,加强大数据、云计算、人工智能、虚拟现实、区块链等关键应用技术和产品研发。

2. 建设创新服务载体

围绕大数据、云计算、人工智能等领域,引进国家科研机构和重点实验室、工程实验室设立分支机构,同时加快培育一批国家级、自治区级重点实验室、工程实验室和科技创新中心,构筑京津冀蒙区域协同创新高地。通过市场主导与政府引导相结合的方式,培育引入企业、高等院校、研究机构、社会组织等创新主体集群,建设一批科技企业孵化器和众创空间。同时,积极建设数字技术创新服务平台,开放平台数据、计算能力、开发环境等基础资源,降低创新创业成本。

3. 提升科技创新合作水平

推动建立跨国技术转移中心,统筹开展技术研发、标准制定、技术合作等活动,推动形成相互确认的电子认证、电子签名和云计算可信服务、机房绿色节能、大数据服务等交流合作(王庆德,2019)。围绕跨境电商、智能制造、智慧城市等信息技术创新热点领域,形成一批示范性强、带动性强的重大技术合作项目。

(五)强化重点企业带动

1. 通过核心企业引领,建设数字化供应链

重点打造龙头企业,强化引领带动能力,以伊利、蒙牛、伊泰、蒙能、蒙草、正大等核心企业来推动整个供应链的数字化建设,实施"互联网+"双创模式,推动云设计、网络协同制造、大数据营销、价值共创等在供应链数字化中的应用。以实体经济高质量发展与应用场景建设的需求为核心来驱动云计算、大数据、工业互联网、人工智能、区块链、5G网络等数字化技术的发展,吸引带动工业软件企业、解决方案商、工业互联网平台商和服务商的发展。

2. 利用典型企业示范，推广数字技术应用

选择数字经济和实体经济融合较好的各类企业作为典型，加大宣传与扶持力度，为全区数字化融合发展树立正面典型，对融合发展业绩突出的企业给予更多宣传与激励。

3. 加强政策扶持，深入实施普惠融合工程

重点围绕企业"不会转""不能转""不敢转"等问题，加大引导和扶持力度，减轻企业信息化一次性投入成本，深入实施"上云用数赋智"行动，依据全区有数字化转型意愿企业的具体情况，分类精准施策，为企业数字化转型提供相应的解决方案，扩大数字技术在企业研发设计、生产加工、经营管理、物流售后等环节的应用。大力开展数字战略培训，采用产业数字化论坛、企业数字化讲座，企业家数字化座谈会、职业经理人数字化培训、网络媒体宣传等多种形式，积极引导企业转变思维，积极确立数字化发展战略，从思维观念上破解企业"不愿融""不敢融"难题。

（六）建设新型智慧城市和数字乡村

1. 加快建设智慧城市

深化传感器、地理空间信息、卫星定位与导航、新一代信息网络等技术在城市规划、建设、治理领域的应用，构建智慧治理体系，推动公共服务和管理基础设施实现数字化、网络化、智能化，提升城市交通、公共安全、民生服务、城市管理等智慧应用水平。重点打造呼包鄂乌智慧城市群，推动跨地区、不同运输方式、不同企业间的交通物流信息开放共享，加强区域环境感知基础设施统筹建设和环境治理信息化平台互通，联合构建跨城市生态安全屏障，加快电子政务、社会保障、劳动就业、医疗卫生等公共信息服务平台跨城市互通。在部分盟市探索建设

"城市大脑"，实现城市运行生命体征感知、公共资源配置、宏观决策指挥、事件预测预警、"城市病"治理。在有条件的地区探索建设数字孪生城市，建设信息管理中枢，推动数字城市与现实城市同步规划、同步建设，实现模拟运行、交互反馈、全域全时监测。

2. 积极建设数字乡村

着力推进国家数字乡村试点建设，大力提升农村牧区数字化服务水平，提高"三农三牧"信息服务能力。推动"互联网＋政府服务"向乡村覆盖，提升农村牧区数字化管理水平。加强农村牧区远程诊疗信息系统建设，推动医疗保障、公共卫生、医疗服务等信息互联共享。发展乡村数字化教育服务，积极推进电子商务进农村牧区。

（七）加强数字化人才培养与引进

建立数字人才需求目录和人才数据库，加强对数字人才引进、培养和集聚的政策支持，加快引进和培养一批数字领域急需紧缺的技术领军人才、高层次管理人才和创新创业团队。一方面，加快本地数字化人才培养。优化内蒙古高等学校学科专业设置，鼓励学校增设数字经济、大数据、人工智能、网络安全等数字领域相关专业，加强技能型、专业型、应用型人才培养。构建"高校—科研机构—企业"联动的人才需求对接和定向培养机制，面向数字经济发展需求，培养应用型、技术技能型人才。加大数字领域专业培训力度，提升各级公务人员、企业家、创业者群体数字素养，不断增强数据共享、获取、分析和运用能力。另一方面，引进高层次人才团队。围绕互联网、大数据、人工智能等重点领域，引进一批数字经济领域学科带头人、技术领军人才和高级管理人才，以院士工作站、重点实验室、工程实验室、高新技术园区等为依托，集群式引入人才团队。完善人才激励机制，支持数字经济相关企业采用期权、股权激励等方式吸引高级管理人才和技术骨干。

（八）完善数据资源体系

1. 加强数据资源采集汇聚

进一步完善全自治区人口、法人、时空地理、宏观经济、公共信用、电子证照等基础数据库，建设市场监管、卫生健康、教育文化等主题数据库，加强数据动态更新。拓展数据资源采集渠道，培育专门化数据采集服务企业，鼓励企业、行业协会、科研机构、社会组织等市场主体采用网络搜取、自愿提供、有偿购买等方式，推动行业数据、第三方社会数据有序汇聚。建立数据采集、共享、校核机制，构建物理分散、逻辑集中、资源共享、政企互联、安全可靠的大数据体系，为开展各领域大数据应用提供有力数据保障。

2. 健全数据资源标准体系

完善自治区政务、行业、企业、互联网等数据采集、共享、开放等全生命周期各环节标准。针对煤炭、电力、乳业、稀土、药材、草业等行业数据特点制定行业数据标准，提升数据资源规范化水平。

3. 加快公共数据资源有序开放

建设全自治区统一的公共数据资源开放平台，实现地理信息、道路交通、公共服务、经济统计、资格资质、环境保护等数据资源开放。完善数据开放管理体系，明确主体责任，在确保数据安全的前提下，稳步推进政务数据集中授权开放及社会化利用，打造政务数据运营样板，鼓励社会组织和机构建设行业性数据资源开放平台。

4. 建立数据资源流通交易制度

制定数据资源确权、定价、流通、交易等相关制度，完善地方数据产权保护制度，建立流通交易标准规范体系。建立数据交易主体、交易平台、交易模式等规则体系，构建大数据流通交易机制。加强数据安全管理，落实数据资源安全管理制度和保密审查制度，维护数据主体权利，确保流通交易数据的质量和安全。

七、建设我国向北开放重要桥头堡

深度融入共建"一带一路"，紧扣建成我国向北开放重要桥头堡战略定位，打造资源集聚集散、要素融汇融通的全域开放平台，以高水平开放促进高质量发展，在全方位融入国内国际市场中增创发展新优势。

（一）推动更高水平对外开放

充分发挥"一带一路"建设统领作用，打造高品质营商环境，提升开放通道、平台基础优势，推进基础设施互联互通，发展功能齐备、要素集聚、产业繁荣、互联互通、环境优良的开放型经济。

1. 营造一流营商环境

严格落实外商投资准入负面清单。对于负面清单之外领域，按照内外资一致原则管理。探索制定吸引企业地区总部或功能性机构落户的鼓励政策。高标准建设国际贸易"单一窗口"，抓好"单一窗口"标准功能应用和特色功能优化，推动共用数据标准、共享数据信息、协同监管服务。

2. 提升开放通道优势

加强与环渤海港口交通基础设施对接，积极争取设立无水港，增开主要国家和城市航线航班，推动中欧班列提质增效，发展陆海联运、空铁联运、中欧班列有机结合的联运服务模式。推动通关与物流"并联"

作业，推行跨部门一次性联合检查，实施无纸化审批、联网核放等便利通关措施，大幅压缩通关流程和办理时限。

3. 提升开放平台功能

发展泛口岸经济，扶持发展加工贸易，打造联通内外、辐射周边、资源集聚集散、要素融汇融通的全域开放平台，促进通道经济向落地经济转变（张学刚，2020）。明确重点口岸功能定位，优化口岸资源整合配置，加强口岸基础设施与能力建设，提高航空口岸保障能力，全面提升口岸服务和通行水平。推动满洲里、二连浩特国家重点开发开放试验区建设，支持满洲里、鄂尔多斯、呼和浩特综合保税区建设，推动赤峰、包头保税物流中心升级为综合保税区，推进呼和浩特、赤峰、满洲里国家跨境电子商务综试区建设，提升策克、甘其毛都等口岸开放水平。积极争取设立中国（内蒙古）自由贸易试验区。

4. 深化与"一带一路"沿线国家合作

深化与沿线国家装备制造、文化旅游、教育医疗、信息通信、资源开发利用、基础设施建设等领域务实合作，扩大贸易规模，集中布局一批过境资源加工园区和项目。推动中蒙二连浩特—扎门乌德经济合作区建设，支持企业参与境外经贸合作区建设。鼓励发展外贸新业态新模式，推动市场采购贸易与跨境电商融合发展。

（二）服务融入国内大循环

落实国家区域重大战略和区域协调发展战略，健全区域合作协作运行机制，在全方位融入国内市场中创造发展新优势。强化与京津冀地区全面合作，完善京蒙协作机制，吸引北京企业在内蒙古设立区域总部、生产基地、研发中心，推动园区共建合作。加强与天津、河北港口资源使用和内陆港合作，共同打造陆港群。大力推进蒙晋冀（乌大张）长城金三角合作区建设。加强与长三角、粤港澳大湾区等地区合作，强化与沿黄省份及毗邻地区合作协作。探索发展"飞地经济"，用好发达地区资金、技术、人才等要素，设立科创飞地、产业飞地，吸引企业总部和分部、研发机构、行业协会、产业联盟入驻，实现借力发展。实施"蒙字标"认证，推动更多"蒙字号"优质产品走向全国、走向世界。加大招商引资力度，强化以商招商、产业链招商，有序承接鼓励类产业目录中符合环保、能耗、水耗等标准的先进产业，建设承接产业转移示范区。

参考文献

[1] 安静赜,张学刚,郭启光.坚定不移探索以生态优先,绿色发展为导向的高质量发展新路子[J].实践(思想理论版),2020(2):14-17.

[2] 陈林,万攀兵.《京都议定书》及其清洁发展机制的减排效应——基于中国参与全球环境治理微观项目数据的分析[J].经济研究,2019(3):57-73.

[3] 戴长征.如何应对当前国际形势变化调整与不确定性[J].人民论坛·学术前沿,2019(1):4-12.

[4] 傅京燕,代玉婷.碳交易市场链接的成本与福利分析——基于MAC曲线的实证研究[J].中国工业经济,2015(9):84-98.

[5] 郭启光.持续加强生态文明建设,筑牢我国北方重要生态安全屏障[J].实践(思想理论版),2019,687(4):22-24.

[6] 郭启光.坚持生态优先绿色发展不动摇[N].内蒙古日报(论道版),2020-08-11.

[7] 郭启光.内蒙古推动数字经济高质量发展的路径及对策研究[J].理论研究,2019(5):49-54.

[8] 郝淑双.中国绿色发展水平时空分异及影响因素研究[D].武汉:中南财经政法大学,2018.

[9] 廖小文,陈云.论生态文明建设的文化驱动力[J].河南科技学院学报,2020(7):56-61.

[10] 刘胜强,毛显强,胡涛,等. 中国钢铁行业大气污染与温室气体协同控制路径研究 [J]. 环境科学与技术,2012,35 (7): 168-174.

[11] 内蒙古自治区研究室,中国草业发展战略研究中心. 国家北方生态安全屏障综合试验区建设研究 [M]. 北京:中国发展出版社,2019.

[12] 潘志峰,朱大玮. 坚守生态底线 推进绿色发展 努力打造祖国北疆亮丽风景线——关于内蒙古坚守生态底线的专题研究报告 [J]. 内蒙古统计,2017 (6): 5-7.

[13] 饶文斌. 中国清洁发展机制项目的协同效应和碳减排成本分析 [D]. 广州:暨南大学,2018.

[14] 任亚平. 坚持把生态文明建设作为最大的基础建设 [J]. 实践 (思想理论版),2014 (10): 7-8.

[15] 宋飞,付加锋. 世界主要国家温室气体与二氧化硫的协同减排及启示 [J]. 资源科学,2012 (8): 59-64.

[16] 王金南,宁淼,严刚,等. 实施气候友好的大气污染防治战略 [J]. 中国软科学,2010 (10): 28-36.

[17] 王庆德. 中国西南地区大数据产业差异化发展研究 [J]. 区域经济评论,2019 (6): 66-71.

[18] 王薇,邢智仓. 内蒙古清洁发展机制项目协同减排效应研究 [J]. 前沿,2020 (4): 96-102.

[19] 王玉华,高学磊,白力军,等. 内蒙古北方生态安全屏障建设研究 [J]. 环境与发展,2019 (9): 212-215.

[20] 韦文英. 试述内蒙古地区在京津冀协同发展中的战略地位——基于区域价值视角的分析 [J]. 广西社会科学,2014 (7): 66-70.

[21] 温宗国. 推动形成绿色发展方式和生活方式 [N]. 人民日报,2018-07-29.

[22] 徐斌,陈宇芳,沈小波. 清洁能源发展、二氧化碳减排与区域经济增长 [J]. 经济研究,2019 (7): 188-202.

[23] 薛婕, 罗宏, 吕连宏, 等. 中国主要大气污染物和温室气体的排放特征与关联性 [J]. 资源科学, 2012, 34 (8): 1452-1460.

[24] 闫文琪, 高丽洁, 任纪佼, 等. CDM 项目大气污染物减排的协同效应研究 [J]. 中国环境科学, 2013 (9): 1697-1704.

[25] 姚予龙, 周洪, 谷树忠. 中国资源诅咒的区域差异及其驱动力剖析 [J]. 资源科学, 2011 (1): 18-24.

[26] 易信. 用好新一轮科技革命和产业变革的"机会窗口" [N]. 经济参考报, 2019-05-29.

[27] 张学刚. "十四五" 内蒙古推动经济高质量发展的对策建议 [J]. 理论研究, 2020 (4): 59-63.

[28] 张学刚. 牢固树立生态优先绿色发展鲜明导向 [N]. 内蒙古日报 (论道版), 2020-01-06.

[29] 张学刚. 内蒙古科技创新现状, 问题及对策建议 [J]. 理论研究, 2019 (6): 70-76.

[30] 朱晓俊, 邢智仓. 论内蒙古经济高质量发展"新路子"的时代特征和路径 [J]. 北方经济, 2019 (6): 19-23.

[31] 朱晓俊, 邢智仓. 资源型地区高质量发展面临的问题及需要处理好的基本关系 [J]. 学术交流, 2019 (12): 121-130.

[32] AGEE M D, ATKINSON S E, CROCKER T D, et al. Non-Separable Pollution Control: Implications for a CO_2 Emissions Cap and Trade System [J]. Resource & Energy Economics, 2014, 36 (1): 64-82.

[33] CRIQUI P, VIGUIER L, MIMA S. Marginal Abatement Costs of CO_2 Emission Reductions, Geographical Flexibility and Concrete Ceilings: an Assessment Using the POLES Model [J]. 1999, 27 (10): 585-601.

[34] DU L M, HANLEY A, WEI C. Estimating the Marginal Abatement Cost Curve of CO_2 Emissions in China: Provincial Panel Data Analysis [J]. Energy Economics, 2015, 48: 217-229.

[35] ELLIS J, WINKLER H, CORFEE-MORLOT J, et al. CDM:

Taking Stock and Looking Forward [J]. Energy Policy, 2007, 35 (1): 15 –28.

[36] FUKUYAMA H, WEBER W L. A Directional Slacks – Based Measure of Technical Inefficiency [J]. Socio – Economic Planning Sciences, 2009, 43 (4): 274 –287.

[37] HULTMAN N E, PUIVER S, GUIMARAES L, DESHMUKH R, et al. Carbon Market Risks and Rewards: Firm Perceptions of CDM Investment Decisions in Brazil and Lndia [J]. Energy Policy, 2012, 40 (1): 90 –102.

[38] LI K, LIN B. Measuring Green Productivity Growth of Chinese Industrial Sectors During 1998 – 2011 [J]. China Economic Review, 2015, 36: 279 –295.

[39] MESTL H E S, AUNAN K, FANG J, et al. Cleaner Production as Climate Investment – Integrated Assessment in Taiyuan City, China [J]. Journal of Cleaner Production, 2005, 13 (1): 57 –70.

[40] MURATA A, LIANG J, ETO R, et al. Environmental Co-Benefits of the Promotion of Renewable Power Generation in China and India Through Clean Development Mechanisms [J]. Renewable Energy, 2016, 87: 120 – 129.

[41] OH D H. A Global Malmquist – Luenberger Productivity Index [J]. Journal of Productivity Analysis, 2010, 34 (3): 183 –197.

[42] RIVE N, AUNAN K. Quantifying the Air Quality Co – Benefits of the Clean Development Mechanism in China [J]. Environmental Science & Technology, 2010, 44 (11): 4368 –4375.

[43] SOLOW R M. Technical Progress and the Aggregate Production Function [J]. Review of Economics & Statistics, 1957, 39 (70): 312 –320.

[44] SUN Q, XU B, WENNERSTEN R, et al. Co-Benefits of CDM

Projects and Policy Implications [J]. Environmental Economics, 2010 (2): 78 – 88.

[45] ZHANG J, WANG C. Co-Benefits and Additionality of the Clean Development Mechanism: An Empirical Analysis [J]. Journal of Environmental Economics & Management, 2011, 62 (2): 140 – 154.

后 记

内蒙古地域辽阔、横跨"三北"、地近京畿，是我国北方面积最大、种类最全的生态功能区。内蒙古生态状况如何，不仅关系全区各族群众生存和发展，而且关系华北、东北、西北乃至全国生态安全。党的十八大以来，内蒙古深入实施重点生态工程，深入开展污染防治攻坚战，推动美丽内蒙古建设迈出了重要步伐。但是，局部地区生态系统退化现象仍然明显，节能减排和生态环保压力依然很大。如何处理好发展与保护的关系，将我国北方重要生态安全屏障筑得更加牢固，是内蒙古实现高质量发展必须解决好的重大课题。进入新发展阶段，贯彻新发展理念，服务融入新发展格局，内蒙古必须坚持高质量发展，坚持绿水青山就是金山银山的理念，坚定不移走生态优先、绿色发展之路，实现经济高质量发展与生态环境高水平保护良性互动。

在此背景下，我们撰写了《生态优先、绿色发展导向的高质量发展研究——以内蒙古为例》一书，从生态优先、绿色发展为导向高质量发展新路子的理论内涵出发，围绕内蒙古生态功能、绿色发展、清洁发展机制、高质量发展动力、发展环境、战略思路、主攻方向和对策建议等方面对内蒙古走生态优先、绿色发展之路"怎么看""怎么干""干什么"等理论和实践问题进行了系统研究和解答。本书由经济科学出版社出版，呈现给关心关注内蒙古经济社会高质量发展的社会各界。

在研究过程中我们得到了内蒙古党校（行政学院）校领导、科研处和学术委员会的大力支持和帮助。同时，我们参考了学术界已有研究成果，并尽量将相关内容以参考文献的形式予以标注，在此向相关学术研究人员表示崇高的敬意和感谢。本书的出版得到了内蒙古自治区"草原英才"青年创新创业人才项目、内蒙古哲学社会科学规划项目、内蒙古党校学术文库的资助，出版过程中经济科学出版社责任编辑凌健老师付出了大量的心血，在此一并表示衷心感谢。

由于水平有限，不足之处恳请学界同仁和读者批评指正。

郭启光
2021 年 10 月